JN084021

最新
Q&Aスクール・コンプライアンス 120選
ハラスメント、事件・事故、体罰から感染症対策まで

菱村幸彦[著]

ぎょうせい

はしがき

　本書は、学校の教育活動に伴って生起する諸問題について、コンプライアンスの観点から、その解決策を解説した図書です。そこで、まず、「コンプライアンス」とは何かについて簡単に説明します。

　コンプライアンスという言葉は、もともと企業の社会的責任（ＣＳＲ＝Corporate Social Responsibility）として取り上げられてきました。ＣＳＲとは、企業の目的は利益の追求ですが、利益のためなら何をしてもよいというわけではなく、企業が持続的発展をするために、法令を遵守し、倫理的に事業活動を行うなど、社会的責任を果たすことが重要である、という考え方です。

　営利を目的とする企業にして社会的責任が重要というなら、公教育を担う学校においては、より以上にコンプライアンスが重要と言わねばなりません。なぜなら、教育基本法に明記するように「法律に定める学校は、公の性質を有するもの」（6条）だからです。このため、国・公・私立を問わず、学校の教職員は、「自己の崇高な使命を深く自覚し、絶えず研究と修養に励み、その職責の遂行に努めなければならない」（9条）責務が課されています。また、地方公務員法は「すべて職員は、全体の奉仕者として公共の利益のために勤務」すべきこと（30条）、「その職務を遂行するに当って、法令、条例、地方公共団体の規則……に従わなければならない」こと（32条）、「職員は、その職の信用を傷つけ、又は職員の職全体の不名誉となるような行為をしてはならない」（33条）ことを定めています。

　このように、学校の教職員は、教育活動を行うに当たって、教育法規や教職倫理を遵守するスクール・コンプライアンスが求められています。教職員のコンプライアンス違反は、保護者、児童生徒、地域住民などの信頼を大きく損なうことになりますので、教育活動を行うに当たっては、スクール・コンプライアンス違反が生じないよう最大限の注意を払わなければなりません。

以前は、教育法規というと、学校管理職または管理職を志す人が学ぶものと考えられていました。校長や教頭になれば、学校運営に当たって教育法規の知識が必要だとしても、児童生徒の教育指導に直接携わっている間は、教科指導や生徒指導に関する知識や技術の研鑽こそが重要で、教育法規の習得までは必要ないと考える人が多かったと思います。

　しかし、近年、教職員の教職生活、教育指導、生徒指導等をめぐって法的トラブルが増加し、法的責任が問われるケースが広がっています。このため、一般教職員にとっても、コンプライアンスの観点から、教育法規を学ぶことが重要となっています。

　こうした観点に立って、学校管理職はもちろん、一般の教職員の方々にも役立つようにと、平成29年に『Q＆Aスクール・コンプライアンス111選』を出版したところ、多くの教職関係者にご利用いただきました。その後、関係法令の改正や重要通知の発出等があり、さらには教育指導や生徒指導をめぐる新たな事案や判例等も出ています。そこで、このたび旧版を全面的に見直し、新規設問を追加して、内容のバージョンアップを図りました。本書が引き続き広く学校教育にかかわる方々にご活用いただければ幸いです。

　本書の出版に際し、株式会社ぎょうせいの皆様にお世話になりました。この場を借りて厚く謝意を表します。

　令和2年9月

菱村　幸彦

目　次

第Ⅰ章　教職生活のコンプライアンス

第Ⅱ章　教育指導のコンプライアンス

第Ⅲ章　生徒指導のコンプライアンス

第Ⅳ章　学校運営のコンプライアンス

第Ⅰ章

教職生活のコンプライアンス

Q1

コンプライアンスとは何ですか。

 ○コンプライアンスの意味

　この頃、よく「コンプライアンス」という言葉を耳にします。この言葉は、ビジネス社会で広く用いられていますが、学校でもかなり使われるようになってきました。まず、言葉の意味から説明しましょう。

　コンプライアンス（compliance）とは、一言でいえば、「法令遵守」を意味する言葉です。ここでいう「法令」は、単に国の定める法律や政令・省令を意味するだけでなく、業界のルールや企業の倫理をも含めた広い意味で用いられています。

　いうまでもなく、企業の目的は利益の追求です。しかし、利益のためなら何をしてもよいというわけではありません。企業が持続的発展をするためには、法令を遵守し、倫理的に事業活動を行うなど、社会的責任（CSR ＝ Corporate Social Responsibility）を果たすことが重要とされます。

　コンプライアンスの重要性が強調されるようになった背景には、企業が違法行為や反社会的行為を行って、消費者や取引先などの信頼を失い、事業継続が困難となる事例が頻発するようになったことがあります。

○社会的信用の失墜

　かつて、コンプライアンス違反事件として、例えば、ヒューザー社のマンション耐震偽装事件、パロマ工業の湯沸器死亡事件、船場吉兆の食べ残し料理使い回し事件、ベネッセの顧客情報漏洩事件、三菱自動車の燃費試験データ改ざん事件等が大きな社会問題となったことをご記憶の方も少なくないと思います。近年では、日本郵政のかんぽ商品不適切販売事件、ＰＣ処理業者従業員のハードディスク抜き取り転売事件、振り

袖レンタル業「はれのひ」の突然の店舗閉鎖事件などがニュースとなりました。

　こうした不祥事が発覚すると、企業は厳しく指弾されます。その結果、企業は社会的信用を失墜し、経営破綻に陥ることも稀ではありません。そこで、各企業は不祥事が起こらないように、日頃から法令などのルールを守った活動を行うように、社員に徹底させることが必要となるわけです。

　企業活動においてコンプライアンスが重視されるのは、企業が事業を継続発展させるため、何よりも社会的信用を保持しなければならないという認識からです。その意味では、コンプライアンスは、リスク・マネジメント（危機管理）でもあるのです。

○行政におけるコンプライアンス

　コンプライアンスの考え方は、企業のみでなく、行政にも及んでいます。行政は公共的な仕事を担うものですから、民間企業以上にコンプライアンスが厳しく問われるというべきでしょう。

　事実、多くの地方公共団体がコンプライアンスに関する条例やマニュアルを制定しています。例えば、岩手県庁は早くから「コンプライアンスマニュアル」を策定し、コンプライアンスの観点から、公務員としてのあるべき行動指針を示しています。

　マニュアルでは、「私たちは、行政活動が及ぼす社会的責任を認識し、社会から信頼される組織として、法律や規制の遵守はもとより、行政経営の透明性、倫理、環境問題等へのより質の高い対応を常に意識しながら、具体的に行動していかなければならないのです」と示し、公務員としてのコンプライアンスの重要性を説いています。

Q2

学校でもコンプライアンスが問題となるのですか。

○法律で定めるコンプライアンス

行政におけるコンプライアンスは、民間企業のそれと大きな違いがあります。それはコンプライアンスが、服務上の義務として、法律で定められていることです。

コンプライアンスは法令遵守を意味しますが、公務員の法令遵守義務は、地方公務員法に規定されています。すなわち、地方公務員法32条は、「職員は、その職務を遂行するに当って、法令、条例、地方公共団体の規則及び地方公共団体の機関の定める規程に従い、且つ、上司の職務上の命令に忠実に従わなければならない」と定めています。

また、前述のように、コンプライアンスは、法令遵守のみならず、倫理的行動をとることを求めていますが、この点について、地方公務員法33条は、「職員は、その職の信用を傷つけ、又は職員の職全体の不名誉となるような行為をしてはならない」と定めています。

加えて、平成11年に国家公務員倫理法と国家公務員倫理規程（政令）が定められました。同倫理規程では、①職員は常に公正な職務の執行に当たること、②公私の別を明らかにし、職務や地位を私的利益のために用いないこと、③贈与を受けるなど国民の疑惑や不信を招く行為をしないこと、④公共の利益の増進を目指し、全力を挙げてこれに取り組むことなどが定められています。

この方針は地方公務員にも及んでいます。すなわち、地方公共団体においても、国家公務員倫理法に準じて、条例や規則などで公務員倫理に関する規定が制定されています。これらは公務員のコンプライアンスの重要な内容となっています。

○学校で問われるコンプライアンス

　行政におけるコンプライアンスの重要性は、当然、学校にも及びます。思わぬ形で学校のコンプライアンス違反がニュースとなったケースがありました。平成18年に富山県の高校で必修科目の「世界史」を履修させていないことがローカルニュースで取り上げられたところ、あっという間に全国に飛び火して、社会問題になりました。

　当時、粉飾決算や耐震設計偽装など世間を欺く「偽装」によるコンプライアンス違反が続いていたこともあって、高校の必修科目の未履修問題も「教育偽装」と呼ばれて批判されました。

　教職の倫理性にかんがみ、教職員には一般の公務員に比べて、より高いレベルでコンプライアンスが求められるといえましょう。このため、多くの教育委員会は、教職員に向けた「コンプライアンス・マニュアル」等を作成してその徹底を図っています。

　一般に学校でコンプライアンス違反が問われる事例には、次のようなケースがあります。

〔服務上の問題〕交通違反、贈収賄、わいせつ行為、セクシュアル・ハラスメント、パワーハラスメント、秘密漏えい、違法な兼業、利害関係者からの利益供与、政治的行為など。

〔教育指導上の問題〕学習指導要領違反、教科書不使用、偏向教材使用、内申書偽造、人権侵害、国旗国歌拒否、著作権侵害、学校事故など。

〔生徒指導上の問題〕体罰、不当な懲戒、個人情報漏えい、いじめ・不登校・校内暴力への不適切対応など。

　本書では、こうした諸問題を取り上げて、学校におけるコンプライアンスの在り方について考察します。

具体的にどのような行為が公務員の信用失墜行為になるのでしょうか。

 ○信用失墜行為とは

公立学校の教師は、公務員として、公共の利益のために勤務すべき立場にあります。公務員の不祥事は、住民の信頼を裏切り、公務に対する不信を招きます。このため、公務員は職の信用を傷つけ、職の不名誉となることをしてはならないと法律で定められています。

すなわち、地方公務員法は、公務員の服務規律として、「職員は、その職の信用を傷つけ、又は職員の職全体の不名誉となるような行為をしてはならない」(33条) と定めています。これが公務員の信用失墜行為の禁止規定です。

では、信用失墜行為とは、具体的にいかなる行為をいうのでしょうか。法律では、どのような行為が信用失墜行為に当たるかを具体的に定めていません。したがって、信用失墜行為の種類や範囲は、事例ごとにケース・バイ・ケースで判断する他はありません。

ある行為が信用失墜行為に該当するかどうかの判断は、教師の場合も一般の公務員の場合も、基本的に同じです。しかし、教師は児童生徒の範となるべき立場にあります。師表となるべき教師が不祥事を起こせば、一般の公務員に比べて、より厳しい目で指弾されることは、覚悟しなければなりません。

○わいせつ行為は懲戒免職

なかでも非難が厳しいのは破廉恥罪です。破廉恥罪とは、道義的非難に値する不純な動機からされる犯罪で、例えば、殺人罪、窃盗罪、わい

せつ罪などです。

　殺人罪や窃盗罪は別として、教師の不祥事で、よくニュースになるのは、わいせつ罪です。例えば、無人の教室で女生徒（12 歳）の乳房を揉み、女生徒の手を陰部に押しつけて逮捕された教師（大阪府）。吹奏楽部の女子部員にみだらな行為をして逮捕された高校教師（静岡県）。1 年にわたって女子生徒数人に校内でわいせつ行為を繰り返していた中学校教師（広島県）。女子児童の着替えを隠し撮りするため、校内にビデオカメラを設置していた小学校教師（千葉県）など、教師のわいせつ行為の例は、枚挙に暇がありません。

　わいせつ行為は、まず、刑事罰の対象となります。強制わいせつ罪（刑法 176 条）は、暴行、脅迫によりわいせつ行為を行うことですが、13 歳未満の者を相手とするときは、仮に被害者が同意していても罪が成立します。

　次に、わいせつ行為をした教師は、公務員法上の懲戒処分の対象となります。文部科学省は、通知（「平成 22 年度教育職員に係る懲戒処分等の状況、服務規律の確保及び教育職員のメンタルヘルスの保持等について」平成 23 年 12 月 22 日）で、教育委員会に対して、教員のわいせつ行為については、「原則として懲戒免職とするなど、非違行為があった場合には厳正な対応をすること」を要請しています。都道府県教育委員会もわいせつ行為をした教師に対しては、懲戒免職など厳しい措置を行っています。

　教師が教え子にわいせつな行為をすることは、子どもを学校に託す保護者の信頼を著しく損なうと同時に、子どもの心に生涯消えることのない深い傷を負わせる許されない犯罪です。懲戒免職は当然でしょう。刑法上の強制わいせつ罪が成立しない場合も、セクシュアル・ハラスメントとして懲戒処分の対象となることに留意を要します。

Q4

教職員の懲戒処分としては、どのような事由によるものが多いですか。

A ○一番多いのは交通事故

　教職員が処分される事件には、様々なものがあります。その中で一番多いのは、交通事故です。

　なかでも、飲酒運転による交通事故は、信用失墜行為として処分は免れません。しかも、処分は厳しいです。酔っぱらい運転の場合は、少なくとも減給か停職、場合によっては免職もあり得ます。酔っぱらい運転は、一律「免職」という基準を決めている県もあるほどです。ただし、中学校教諭の飲酒運転による免職処分を重すぎるとして処分を取り消した最高裁の判決（平成19年7月12日）があることを付言しておきます。

　昔、私が島根県教育委員会に出向して、教職員人事を担当していたとき、長年努力してやっと校長試験に合格した教頭が、発令直前に交通事故を起こして処分を受け、みすみす昇格を逸したケースがありました。普段、模範的な教師だっただけに残念でしたが、教育委員会の決まりでどうしようもなかったことを思い出します。

　交通事故に次いで多いのは「体罰」です。体罰が法律で禁止されていることを知らない教師は一人もいないと思いますが、毎年、体罰で処分を受ける教師は少なくありません（*Q68* 参照）。さらに、近年、教師の「わいせつ行為」の処分が増えています。教え子に対するわいせつ行為については、各教育委員会とも厳しい措置をとっており、懲戒免職が原則となっています（*Q11* 参照）。また、次ページの統計には出ていませんが、リベートなどの授受にも気をつける必要があります。例えば、修学旅行に関して特定のツーリストに便宜を図った見返りや、補助教材の

納入に関連して業者からリベートを受け取ったりすることは、公務員法上の信用失墜行為として懲戒処分の対象となるだけでなく、場合によっては、刑法上の収賄罪に該当します。この問題については、近年、利害関係者からの利益供与として、公務員倫理の観点から責任が問われますので、これも別問（*Q15*）で取り上げます。

　最近はほとんど問題となりませんが、ひと頃、国旗国歌をめぐる不祥事が問題となりました。例えば、入学式や卒業式の国歌斉唱時に、校長からピアノ伴奏や起立を命じられたにもかかわらず、それを拒否して、職務命令違反と信用失墜行為として懲戒処分を受けたケースなどです。

【参考】平成30年度公立学校教職員の懲戒処分状況（文部科学省調査）

処分理由	免職	停職	減給	戒告	訓告等	総計
交通違反・交通事故	27	42	72	99	2,521	2,761
体罰	0	13	73	55	437	578
わいせつ行為等	163	57	18	7	37	282
個人情報の不適切な取扱い	0	1	19	20	287	327
児童・生徒への不適切な指導	1	6	12	10	324	353
学校事故	0	1	1	2	33	37
職務命令違反	0	1	3	5	28	37
職務専念義務違反	0	1	0	1	8	10
公費の不正執行等	11	3	16	7	21	58
傷害・暴行等	13	23	3	1	6	46
パワハラ等	0	4	4	1	23	32
その他	16	24	30	32	1,355	1,457
合計	231	176	251	240	5,080	5,978

Q5

公務員の不祥事に対する懲戒処分として、戒告、訓告、厳重注意などの用語が用いられていますが、これらはどう違いますか。

 ○法律に基づく制裁

戒告、訓告、厳重注意などの違いを知るためには、まず、懲戒処分について理解しておく必要があります。

懲戒処分は、公務員に非違行為があった場合、公務員内部の規律統制のために行われる法的制裁です。地方公務員法29条は、「職員が次の各号の一に該当する場合においては、これに対し懲戒処分として戒告、減給、停職又は免職の処分をすることができる」と定め、懲戒処分の事由として、①地方公務員法、教育公務員特例法又は条例、規則などに違反した場合、②職務上の義務に違反し、又は職務を怠った場合、③全体の奉仕者たるにふさわしくない非行のあった場合、の3つの要件を挙げています。

公務員が上記の3つの要件のいずれかに該当する場合、懲戒処分として、①戒告（譴責をする処分）、②減給（一定期間、職員の給与の一定割合を減額する処分）、③停職（一定期間、職務に従事させない処分）、④免職（職員の意に反してその職を失わせる処分）を受けることとなります。

懲戒処分に不服がある場合は、その取消し又は無効を求めて人事委員会又は公平委員会に対して、不利益処分に関する審査請求を求めることができます。人事委員会などの裁決に不服がある場合は、裁判所に提訴して、裁判所の司法的救済の道があります。

○事実上の措置

一方、訓告や厳重注意は、懲戒処分としての「戒告」とは違い、公務

員法上の懲戒処分ではありません。訓告や厳重注意は、職員に服務義務違反があった場合に、服務の監督をする者が、職員の職務遂行の改善向上を目指して、適正に職務を遂行するよう注意を与える事実上の措置です。

　こうした措置は、指揮監督の権限を有する者が服務監督権の行使の一態様として行うものであり、懲戒処分のような制裁的性質をもつものではないので、法律上の根拠規定を要しません。また、それを不服として人事委員会に訴えたり、裁判所の救済を求めたりすることもできません。

　訓告は、「訓諭」「訓戒」と呼ばれることもあります。厳重注意には文書による注意と口頭による注意があります。この場合、口頭注意、文書注意、訓告の順にその程度が重いとされています。

　懲戒処分と訓告や厳重注意は、経済的な面で異なります。すなわち、懲戒処分は、経済上の不利益が伴いますが、訓告や厳重注意には、そうした不利益は伴いません。例えば、免職処分は職そのものを失います。停職処分は、停職期間、職務に従事できず、給与を受けられません。減給処分は一定期間給与を減額されます。戒告は、勤務成績不良ということで昇給が延伸されます。

　これに対し、訓告や厳重注意は、監督権行使の一環として行われる叱責にとどまり、昇給延伸など経済上の不利益を受けることはありません。せいぜい期末・勤勉手当の査定の要素として加味される程度です。訓告や厳重注意を受けた職員が、訓告や厳重注意に従わず、訓告や厳重注意を繰り返し受けるような場合は、次の段階として、懲戒処分を受ける可能性があります。

Q6

　校内で飲酒を繰り返すことは、何らかの法令に違反することになりますか。

　○校長室の飲酒で処分

　校内で酒を飲んだからといって、直ちに法令に違反することはありません。しかし、教育委員会が校内における飲酒を禁止している場合は、校内飲酒は職務命令違反として、公務員の服務義務違反となります。また、禁止されていなくても校内飲酒が繰り返され、生徒や保護者の不信を招くような場合は、信用失墜行為となる可能性があります。

　校内飲酒については、こんな不祥事がありました。

　平成19年、大阪市の公立小学校で、男性校長が児童や教職員が帰った後、週1回のペースで、女性教頭を相手に缶ビールを飲みながら校内の課題などについて意見交換をしていました。ある日、匿名の通報があり、市教育委員会が調査したところ、校長は事実を認め、「教頭と人間関係を築きたかった。校外で飲酒するより教頭の負担も軽いと甘く考えてしまった」と釈明しました。一方、教頭は「不適切と思ったが、断り切れなかった」と釈明しました。

　市教委は、勤務時間外とはいえ、校内で飲酒を繰り返したことは、地方公務員法に定める信用失墜行為に当たるとして、校長を減給（1か月）の懲戒処分に付し、教頭を服務規律違反で文書訓告としました。

○職員の不信を招く

　校長が校長室で勤務時間外に酒を飲む行為が、地方公務員法の信用失墜行為に該当するかどうかは微妙なところがありましょう。校内の飲酒行為だけで、信用失墜行為とするのは、厳しすぎるという考えもありま

しょう。

　しかし、市教委は、市内の小中学校に対し、勤務時間の内外を問わず、学校敷地内で飲酒をしないよう通知（事務連絡）を出していましたから、職務命令違反であることは間違いありません。ただし、1か月の減給処分が相当かどうかは判断が分かれるでしょう。

　このケースは、匿名の通報により発覚していることからみると、単に飲酒行為が問題となったというより、夜間遅くまで男性校長が女性教頭を誘って飲酒を繰り返すことが、他の教職員からみて、不適切な行為と思われていたものと推察されます。所属教職員にそうした疑念を持たれるようでは、学校管理職として、適切に職責を果たしているとはいえません。

　市教委の調査では、セクハラやパワハラはなかったということですが、女性教頭は、市教委に対し「不適切と思ったが、断り切れなかった」と話しているところからみると、一種のパワハラ的状況があったとみるべきでしょう。いずれにしても、教頭にとっては迷惑な話だったと思います。

　昔は学校内で飲酒する事例は珍しいことではありませんでした。学校行事の終わった後などに、校内で教職員が酒を飲みながら打ち上げをすることは、どこの学校でもごく普通に行われていました。その後、自家用車による通勤が普及したことに伴い、学校で酒を飲むことは少なくなりました。近年は、飲酒運転をしただけで、停職や免職の処分を受けたり、一緒に酒を飲んでいた者まで処分の対象となったりするなど、厳しい措置がとられていることもあり、校内飲酒の風習はほぼなくなっているようです。教育委員会が校内飲酒を禁止する方針を示すところも増えています。

Q7

教職員の学校内における喫煙について法律上どのような規制が加えられていますか。

A ○健康増進法による受動喫煙防止

喫煙が健康に良くないことは改めて言うまでもありませんが、近年、問題となっているのは、受動喫煙の健康への悪影響です。受動喫煙とは「望まないのに他人のたばこの煙にさらされること」です。受動喫煙は、本人にまったく責任がないのに、がん、心臓疾患、呼吸器系疾患など様々な疾病の危険性を高める原因となります。

平成14年に「健康増進法」が制定され、給食施設の栄養管理等とともに受動喫煙の防止についても規定されました。すなわち、同法25条は、「学校、体育館、病院、劇場、集会場、展示場……その他多数の者が利用する施設を管理する者は、これらを利用する者について、受動喫煙を防止するために必要な措置を講ずるように努めなければならない」と規定しました。

文部科学省は、健康増進法で受動喫煙防止の規定が定められたことを受けて、平成15年と平成22年に通知を出して、学校における受動喫煙防止対策と喫煙防止教育の推進を促しました。通知を受けて、教育委員会や学校は、受動喫煙の防止に取り組んできました。

しかし、健康増進法の受動喫煙防止の規定は、いわゆる努力義務規定であったため、より強い規制措置を求める声が高まり、平成30年に健康増進法が改正されて受動喫煙の規制が厳しくなりました。

○特定施設における喫煙の禁止

平成30年の健康増進法の改正は、ホテルや飲食店等も対象とした幅

広い規制となっていますが、学校に関係する部分についてみると、次の
とおりです。

　第1は、国・地方公共団体の責務です。国と地方公共団体は、①受動
喫煙を防止するための措置を総合的かつ効果的に推進するよう努めなけ
ればならないこと（25条）、②国、都道府県、市町村等は、受動喫煙を
防止する措置の推進を図るため、相互に連携を図り協力するよう努めな
ければならないこと（26条）を定めています。

　第2は、喫煙者の配慮義務です。喫煙者は望まない受動喫煙を生じさ
せないよう配慮する義務があること（27条）を明記しました。特に子ど
もや患者など特に配慮が必要な人がいる場では喫煙を控えるなどの配慮
が必要です。

　第3は、特定施設における喫煙の禁止です。ここでいう「特定施設」
とは、①学校、病院、児童福祉施設等、②国および地方公共団体の行政
機関の庁舎をいいます（28条）。健康増進法29条は、「何人も、正当な
理由がなくて、特定施設においては、……当該特定施設等の当該各号に
定める場所で喫煙をしてはならない」と喫煙について禁止義務を明記し
ました。これに違反し、指導や命令による改善がみられない場合は罰則
（50万円以下の過料）が科せられます。

　ただし、同条は「特定屋外喫煙場所」における喫煙を認めています。
特定屋外喫煙場所について、健康増進法施行規則で、①喫煙場所が区画
されていること、②喫煙場所である旨を記載した標識を掲示すること、
③施設を利用する者が通常立ち入らない場所に設置することなどを定め
ています。

　健康増進法は、例外的に屋外喫煙場所における喫煙を許容しています
が、厚生労働省の通知（平成31年2月22日）では、特定屋外喫煙場所
の規定は「設置を推奨するものではない」と示しています。学校では特
定屋外喫煙場所の設置は避けるべきでしょう。

Q8

政府の施策に反対するビラを校外で配布することは、法令に違反しますか。

○イラク派遣反対ビラの配布

公立学校の教員名を記したビラが新聞の折り込み広告として配られたことが、メディアで問題となったことがありました（平成16年6月6日付「産経新聞」）。それはこんなケースです。

平成16年に東京都の三鷹市や武蔵野市など7市の家庭に、「自衛隊のイラク派兵に反対」とするビラが、新聞の折り込み広告として配布されました。ビラには教職員組合支部の呼びかけに応じて署名した小中学校教職員有志の名前が一覧として記載されていました。事実を知った三鷹市教育委員会は、市内の各校長に調査を指示したところ、教職員組合支部が市教委に抗議に押しかけ、交渉の結果、市教委は、組合に対し「ビラは、憲法の思想及び良心の自由と表現の自由に基づく行為と判断され、地方公務員法も含め、法的問題はない」とした上、「強く注意を喚起した校長について、教職員が心理的な圧迫を受け、行き過ぎた指導と受け止められたことは、市教委の本意ではない」とする文書を出しました。

この事案に関係する法令について吟味してみましょう。

○法令抵触の是非

第1は、政治的行為の制限です。地方公務員法は、公務員に一定の政治的行為の制限を課しており（36条）、公立学校の教員の政治的行為の制限については、教育公務員特例法により、「国家公務員の例による」（18条）こととなっています。

そこで、国家公務員の政治的行為について定める人事院規則14－7をみると、「国の機関又は公の機関において決定した政策の実施を妨害する」（5項6号）、政治的目的をもって「署名又は無署名の文書を……配布」（6項13号）する行為を政治的行為に該当すると規定しています。ただし、人事院規則の運用方針では「実施を妨害する」とは「有形無形の威力をもって組織的、計画的又は継続的にその政策の目的の達成を妨げることをいう。従って、単に当該政策を批判することは、これに該当しない」と示しているので、ビラ配布を政治的行為と認定することは難しいと思います。

第2は、教育の政治的中立性です。まず、義務教育諸学校における教育の政治的中立の確保に関する臨時措置法は、教員に対し児童生徒に特定の政党を支持又は反対させる教育を行うことを教唆・煽動してはならないとする法律ですから、このケースには該当しません。また、教育基本法は、「特定の政党を支持し、又はこれに反対するための政治教育その他政治的活動をしてはならない」（14条）とするものですから、これも直接的には適用がありません。

第3は、公務員の服務義務です。ここで問題となるのは、信用失墜行為との関係です。地方公務員法は、「職員は、その職の信用を傷つけ、又は職員の職全体の不名誉となるような行為をしてはならない」（33条）として、信用失墜行為を禁止しています。

全体の奉仕者であるべき教員が、特定の立場に立った政治的ビラを配布することは、国民の信頼を損ない、教職の信用を傷つけるおそれがあります。これまでも、毛沢東語録を生徒に配った教員、国際反戦デーに過激派集団の一員として参加した教員、学力テスト反対の作文集を配った教員などが、信用失墜行為で懲戒処分を受けています。三鷹市の事案は、地方公務員法に定める信用失墜行為に該当する可能性があるというべきでしょう。

Q9

公務員のセクハラは、どのように規制されていますか。また、どのような行為がセクハラに該当するのでしょうか。

 ○対象は男女を問わない

　全日本教職員組合のアンケート調査によると、学校内にいじめ・嫌がらせ（ハラスメント行為）があると答えた教職員は4割に上り、女性教職員では「カラオケで腰に手を回され、デュエットした」「メールや電話でしつこく食事に誘われた」など、セクハラを受けたのが12.4%に上ったといいます。

　セクハラ（セクシュアル・ハラスメント）が法律で規制されるようになったのは、平成9年の男女雇用機会均等法（正式には「雇用の分野における男女の均等な機会及び待遇の確保等に関する法律」）の改正からです。

　同法は、職場における性的言動によって、女性労働者がその労働条件に不利益を受けたり、就業環境が害されたりしないよう、事業主に雇用管理上セクハラ防止に必要な配慮をすることを定めました（旧21条）。それが平成19年の法改正で、女性のみならず男性もセクハラの対象とし、かつ、事業主がなすべきセクハラ防止措置も一段と強化されました（11条）。

　国家公務員については、男女雇用機会均等法とは別に、人事院規則（10－10）でセクハラ防止が定められています。地方公務員には男女雇用機会均等法が適用されますので、同法に基づき、教育委員会においてセクハラ防止の要綱や規程を定めています。

　人事院規則は、セクシュアル・ハラスメントについて「他の者を不快にさせる職場における性的な言動及び職員が他の職員を不快にさせる職場外における性的な言動」と定義しています。

○セクハラとなる言動

人事院は「セクシュアル・ハラスメントをなくすために職員が認識すべき事項についての指針」で、どのような言動がセクハラになるかを具体的に示しています。教育委員会が定める要綱などもおおむねこれと同旨の規定を置いています。例えば、このような言動です。

・スリーサイズを聞くなど身体的特徴を話題にする。
・聞くに耐えない卑猥な冗談を交わす。
・体調が悪そうな女性に「今日は生理日か」などという。
・性的な経験や性生活について質問する。
・性的な噂を立てたり、性的なからかいの対象としたりする。
・「男のくせに根性がない」「女に仕事を任せられない」という。

この他、人事院は、次のような行為をセクハラの例として挙げています。

・ヌードポスターなどを職場に貼る。
・雑誌などの卑猥な写真や記事を見せたり、読んだりする。
・身体を執拗に眺め回す。
・食事やデートにしつこく誘う。
・性的な内容の電話をかけたり、性的な内容の手紙やメールを送ったりする。
・身体に不必要に接触する。
・カラオケでのデュエットを強要する。
・酒席で上司の側に座席を指定したり、お酌やチークダンスなどを強要したりする。

カラオケでのデュエットや送別会での座席指定などは、珍しいことではありませんが、それも本人が不快と思えば、セクハラになりますので注意が必要です。

Q10

レズビアンやゲイの人を批判するような発言は、セクシュアル・ハラスメントになるのでしょうか。

 ○性的マイノリティ差別の規制

いわゆるLGBT（レズビアン、ゲイ、バイセクシュアル、トランスジェンダー）は、性的マイノリティと呼ばれています。性的マイノリティへの差別的言動は、セクシュアル・ハラスメントとして、規制の対象となります。

男女雇用機会均等法11条は、職場におけるセクシュアル・ハラスメントによって労働者の就業環境が害されることのないよう、企業は必要な措置を講じなければならない旨を定めています。厚生労働省は、この法律に基づき「事業主が職場における性的言動に起因する問題に関して雇用管理上講ずべき措置についての指針（平成18年告示第615号）」（以下「指針」）を定めて、企業がセクハラ対策のために講ずべき措置を示しています。指針は、各企業が職場におけるセクハラ防止の方針を明確化すること、セクハラに係る労働者からの相談に適切に対応する体制を整備すること、セクハラに係る事後の迅速かつ適切な対応を行うことなどが挙げられています。

厚生労働省は、平成28年8月に指針を改正し、「性的指向又は性自認」に関わる性的言動もセクハラ規制の対象となる旨を明示しました。つまり、職場におけるLGBTまたは性同一性障害者に対する差別的言動について規制の対象となる旨を明確化したわけです。

従来から職場におけるセクハラについて、LGBTなどの性的マイノリティへの差別的言動に対しても適切に対処する必要がありましたが、必ずしもそのことが周知徹底されておらず、例えば、性的マイノリティ

がセクハラ被害について社内の相談窓口に相談しても取り合ってもらえないなどのケースが生じていました。こうした実態を踏まえて、指針の改正が行われたわけで、指針はＬＧＢＴなどの性的マイノリティへの偏見や差別をなくし、働きやすい環境をつくることを目指しています。

○公務員についても同様の規制

　厚生労働省の指針の改正に対応して、国家公務員については、人事院は、平成28年12月に「人事院規則10−10（セクシュアル・ハラスメントの防止等）の運用について」（人事院総裁通知）の一部改正を行い、セクシュアル・ハラスメントの定義に「性的指向若しくは性自認に関する偏見に基づく言動」を加えました。また、「セクシュアル・ハラスメントをしないようにするために職員が認識すべき事項」の内容に「性的指向や性自認をからかいやいじめの対象とすること」が例示されました。

　これらの改正により、各省庁の長は、性的指向や性自認に対する差別的言動について、①防止や排除の措置を講じること、②発生時に迅速かつ適切に対処すること、③防止に必要な研修を行うこと、④苦情相談への対応を行う体制を設け相談員を配置すること等を実施することが要請されています。

　また、地方公務員については、厚労省の指針や人事院規則等に準じて、各地方公共団体において規則や訓令等で同様の措置がとられています。学校においても、①同性間の不快な性的言動、②ＬＧＢＴに対する差別的言動、③性同一性障害者に対する差別的言動──の防止について、必要な措置をとることが求められています。

Q_{11}

近年、スクール・セクハラが問題になっています。スクール・セクハラを行った教員には、どのような措置がとられますか。

 ○絶えないスクール・セクハラ

　教員による教え子に対するわいせつ行為やセクハラは、「スクール・セクハラ」と呼ばれています。スクール・セクハラは、子どもと親の信頼を根本から裏切る行為として、倫理上も法令上も厳しく責任が追及されます。

　文部科学省の調査によると、平成30年度にわいせつ行為やセクハラで処分を受けた公立学校の教職員は282人に及んでいます。

　その内訳をみると、「体に触る」(89件)、「盗撮・のぞき」(48件)、「性交」(41件)、「接吻」(27件)、「性的嫌がらせ」(29件)、「痴漢行為」(11件)などとなっています。

　これは氷山の一角でしょう。表に出ないわいせつ行為やセクハラはもっと数多く起こっているに違いありません。

　何がスクール・セクハラに該当するかは、前に述べた一般のセクハラと基本的に変わりません。すなわち、「言葉によるセクハラ」としては、性的なからかいや冗談を言う、性的な経験などを聞く、スリーサイズなど身体的な特徴を聞く、必要以上に電話をする、携帯電話に性的な表現のメールを送るなどです。

　近年は、LINEなどSNSを利用した教師と生徒のメールのやりとりから派生した教師のセクハラが問題となっており、都道府県によっては、LINEなどによるやりとりを禁止しているところもあります。

　また、「行為によるセクハラ」としては、児童生徒を膝の上に乗せて頭や腕をなでる、必要もないのに肩や背中に触れながら話をする、部活

動の指導の際にマッサージと称して身体に触れる、児童生徒にマッサージをさせる、運動会や部活などで記録係でもないのに個人的なビデオ・写真撮影を行う、児童生徒の相談中に児童生徒の体に触れるなどです。

○セクハラを防止する心構え

　これらの言動には、一見してスクール・セクハラと分かるものも多いのですが、教員としては自分の言動がセクハラであると気づいていない場合も少なくありません。例えば、教員が親しみをこめたスキンシップのつもりで女子生徒の体に触れた場合、生徒によっては不快と感じることがあります。それもセクハラとなります。

　スクール・セクハラ防止の心構えは、教員間のセクハラと基本的に変わりはありません。男女を問わずお互いの人格を尊重すること、性に関する言動の受け止め方には個人間や男女間で差があることを認識すること、セクハラに当たるか否かは相手がどう思うかが重要であることなどです。

　ただし、教員の児童生徒に対するセクハラについては、次の諸点が成人間のセクハラとは異なります。

(1)　教員と児童生徒とは、指導する側とされる側という関係にあり、対等な立場ではないこと（児童生徒はセクハラを拒み難い）。

(2)　教員によるセクハラは、児童生徒の心に深い傷を与え、その後の成長に大きな影響を与えるおそれがあること。

(3)　セクハラは、教員と児童生徒・保護者間の信頼関係を損ない、教育の効果を大きく阻害すること。

　教員のセクハラは、公務員法上の懲戒処分の他に、刑法上の強制わいせつ罪（176条）、強制性交等罪（177条）、準強制わいせつ及び準強制性交等罪（178条）などの対象となり得ます。

Q12

職場におけるパワーハラスメントについて、どのような法的規制がありますか。

 ○パワハラを法律で規制

令和元年に労働施策総合推進法（労働施策の総合的な推進並びに労働者の雇用の安定及び職業生活の充実等に関する法律）が改正され、パワーハラスメント（以下「パワハラ」）について、①雇用管理上の措置、②国・事業主・労働者の責務等が定められました。

まず、労働施策総合推進法は、パワハラの定義について、①職場において行われる、②優越的な関係を背景とした言動で、③業務上必要かつ相当な範囲を超え、④就業環境を害するもの、と規定しています（30条の2第1項）。

若干コメントすると、まず、「職場」とは、職場内、勤務時間内だけでなく、職場外、勤務時間外に行われたものも含みます。次に、「優越的な関係を背景とした言動」とは、上司から部下への職務上の地位や権限を利用した言動のほか、専門知識が豊富であり、経験が長いなど職場における優位な立場を利用した言動も含まれます。また、「業務上必要かつ相当な範囲を超えた言動」とは、社会一般に通用している常識からみて許容される限度を超えた、感情的、高圧的、攻撃的な言動です。

○パワハラ行為と防止措置

労働施策総合推進法に基づき、厚生労働省は、「事業主が職場における優越的な関係を背景とした言動に起因する問題に関して雇用管理上講ずべき措置等についての指針」（令和2年1月15日告示第5号）を制定しました。指針のポイントは、次の3点です。

　第1は、パワハラ行為。指針は、パワハラに該当する言動として、①身体的な攻撃、②精神的な攻撃、③人間関係からの切り離し、④過大な要求、⑤過小な要求、⑥個の侵害の6類型を掲げ、それぞれに「該当すると考えられる例」と「該当しないと考えられる例」を具体的に示しています（**Q13** 参照）。

　第2は、パワハラの防止措置。指針は、事業主（教育委員会、校長等）の講ずべき措置として、次のように定めています。

(1)　事業主は、パワハラを防止するため、①パワハラの内容及びパワハラを行ってはならない旨の方針を明確化し、管理監督者を含め労働者に周知・啓発すること、②パワハラを行った者には、厳正に対処する旨の方針及び対処の内容を就業規則・服務規律等に規定し、管理監督者を含む労働者に周知・啓発すること。

(2)　事業主は、労働者からの相談に対応する体制の整備として、①相談窓口をあらかじめ定め、周知すること、②相談窓口の担当者が、相談に対し適切に対応できるようにすること。

　第3は、パワハラ行為への措置。事業主は、従業員からパワハラの相談があった場合、①事実関係を迅速かつ正確に確認すること、②事実を確認した場合、被害者に対する配慮の措置を適正に行うこと、③パワハラ行為者に対し懲戒等の措置を適正に行うこと、④再発防止に向けた措置を講ずること——などを定めています。

　パワハラ事件としては、平成31年に神戸市の公立小学校の男性教員が、同僚の先輩教員らから暴言や暴行などの「いじめ行為」を受けるという事件が大きなニュースとなりました。同事件に関する調査委員会は、先輩教員による125項目に及ぶハラスメントを認定し、教育委員会は、加害教員4名のうち2名を懲戒免職、他の2名を減給処分としました。

Q13

厚生労働省の指針は、パワーハラスメントに「該当する例」と「該当しない例」について、どのように示していますか。

 ○パワハラに該当する例・しない例

厚生労働省の「事業主が職場における優越的な関係を背景とした言動に起因する問題に関して雇用管理上講ずべき措置等についての指針」（令和2年告示第5号）は、行為類型ごとに、パワハラに「該当すると考えられる例」と「該当しないと考えられる例」を、次のように示しています。

(1) **身体的な攻撃**（暴行・傷害）

［該当する例］①殴打、足蹴りを行うこと、②相手に物を投げつけること。

［該当しない例］誤ってぶつかること。

(2) **精神的な攻撃**（脅迫・名誉棄損・侮辱・ひどい暴言）

［該当する例］①人格を否定する言動発言を行うこと、②必要以上に長時間にわたる厳しい叱責を繰り返し行うこと、③他人の面前で大声での威圧的な叱責を繰り返し行うこと、④相手の能力を否定し、罵倒するような内容の電子メール等を送信すること。

［該当しない例］①遅刻など社会的ルールを欠いた言動が見られ、再三注意してもそれが改善されない労働者に対して一定程度強く注意をすること、②業務の内容や性質等に照らして重大な問題行動を行った労働者に対して、一定程度強く注意をすること。

(3) **人間関係からの切り離し**（隔離・仲間外し・無視）

［該当する例］①意に沿わない労働者に対して、仕事を外し長期間にわたり、別室に隔離したり、自宅研修させたりすること、②同僚が集団で無視をし、職場で孤立させること。

［該当しない例］①新規採用者を育成するために短期間集中的に別室で研修等の教育を実施すること、②懲戒規定に基づき処分を受けた労働者に対し、一時的に別室で必要な研修を受けさせること。

(4)　**過大な要求**（業務上明らかに不要なことや遂行不可能なことの強制・仕事の妨害）

［該当する例］①長期間にわたり肉体的苦痛を伴う過酷な環境下での勤務に直接関係のない作業を命ずること、②新卒採用者に対し、必要な教育を行わないまま対応できない業績目標を課し、達成できなかったことに対し厳しく叱責すること、③労働者に業務とは関係のない私的な雑用の処理を強制的に行わせること。

［該当しない例］①労働者を育成するために現状よりも少し高いレベルの業務を任せること、②業務の繁忙期に通常時よりも一定程度多い業務の処理を任せること。

(5)　**過小な要求**（業務上の合理性なく能力や経験とかけ離れた程度の低い仕事を命じることや仕事を与えないこと）

［該当する例］①管理職を退職させるため、誰でも遂行可能な業務を行わせること、②気にいらない者に対して嫌がらせのために仕事を与えないこと。

［該当しない例］労働者の能力に応じて、一定程度業務内容や業務量を軽減すること。

(6)　**個の侵害**（私的なことに過度に立ち入ること）

［該当する例］①職場外でも継続的に監視したり、私物の写真撮影をしたりすること、②労働者の性的指向・性自認や病歴、不妊治療等の機微な個人情報について本人の了解を得ずに暴露すること。

［該当しない例］①労働者への配慮のため、家族の状況等についてヒアリングすること、②本人の了解を得て、性的指向・性自認や病歴について、必要な範囲で人事部門に伝達し、配慮を促すこと。

Q_{14}

マタニティ・ハラスメントとは、どのような行為をいいますか。
マタニティ・ハラスメントについて法令の規制がありますか。

 ○マタニティ・ハラスメントとは

　マタニティ・ハラスメントとは、上司や同僚による妊娠・出産・育児休業・介護休業等に関するいやがらせの言動により、妊娠・出産した女性や育児休業等を利用した男性・女性の就業環境が害される行為をいいます。

　マタニティ・ハラスメントは、法律で規制されています。すなわち、平成29年に男女雇用機会均等法が改正され、「事業主は……職場において行われるその雇用する女性労働者に対する当該女性労働者が妊娠したこと、出産したこと……休業をしたことその他の妊娠又は出産に関する……言動により当該女性労働者の就業環境が害されることのないよう……雇用管理上必要な措置を講じなければならない」(11条の3) と規定されました。また、同じく育児・介護休業法(育児休業、介護休業等育児又は家族介護を行う労働者の福祉に関する法律) が改正され、「事業主は、職場において行われるその雇用する労働者に対する育児休業、介護休業その他の子の養育又は家族の介護に関する……制度又は措置の利用に関する言動により当該労働者の就業環境が害されることのないよう……雇用管理上必要な措置を講じなければならない」(25条) と規定されました。

○マタニティ・ハラスメントの典型的事例

　マタニティ・ハラスメントの該当者の範囲は、上司または同僚から行われるものが該当します。職務上関係のない者から行われるものは含み

ません。また、「職場において行われる」言動によるものが対象となり、職場外で行われる言動は該当しませんが、ここでいう「職場」には懇親の場など職務と密接に関連する場所も含まれます。単に勤務時間内に限定されるものではありません。

　しかし、業務分担や安全配慮等の観点から、客観的にみて業務上の必要性に基づく言動は、ハラスメントには該当しません。例えば、上司が業務体制を見直す目的で、育児休業の利用の希望期間を確認することや、同僚が自分のフレックスタイム制の利用のため同僚のフレックスタイム制の内容を尋ね、変更を相談することなどはマタニティ・ハラスメントとはなりません。

　マタニティ・ハラスメントの典型例としては、次のようなケースが挙げられます。

⑴　不利益取扱いの示唆（育児休業の取得を上司に相談したところ「次の昇格はないと思う」と言われた。）

⑵　制度の利用等の阻害（介護休暇の利用を周囲に伝えたところ、同僚から「自分は利用しないで介護する。あなたもそうするべき」と言われ、利用をあきらめざるを得ない状況になった。）

⑶　繰り返しの嫌がらせ（「自分だけ短時間勤務をするのは周りを考えていない。迷惑だ」と繰り返し言われた。）

　なお、男女雇用機会均等法は、事業主は雇用する女性労働者の妊娠、出産等を理由として、解雇その他不利益な取扱いをしてはならないこと（9条3項）、また、育児・介護休業法は、事業主は育児休業、介護休業等の取得を理由として、解雇その他不利益な取扱いをしてはならないこと（10条）、さらに、地方公務員の育児休業等に関する法律は、「職員は、育児休業を理由として、不利益な取扱いを受けることはない」（9条）ことを規定していることを付言しておきます。

Q15

公務員は利害関係者から利益供与を受けてはならないといわれますが、一切の利益供与が禁止されるのでしょうか。

 ○こういう行為が禁止される

平成27年に私立学校の入試説明会に参加した公立学校の教員が、会議終了後、学内の食堂で軽食とビールの接待を受け、図書カード（2,000円）を受領したことが、公務員の倫理規定に反するとして問題となりました。この程度の便宜供与も問題となるのか、と驚かれる方も少なくないと思いますが、公立学校の教員が利害関係者から接待を受けたり、金品を受領したりすることは、公務員倫理に反し、服務義務違反となります。

国家公務員倫理法で国家公務員が利害関係者から金品や供応などの利益を受けることが厳しく規制されていますが、地方公務員についても、国家公務員に準じて、職員倫理条例や職員倫理規程などで、同様の規制が行われています。

例えば、東京都では、教育委員会の職員服務規程（訓令）で、職員は、上司が承認した場合を除き、「利害関係があるものから金品を受領し、又は利益若しくは便宜の供与を受ける行為その他職務遂行の公正さに対する都民の信頼を損なうおそれのある行為をしてはならない」（7条の4）と定めています。

この規程に基づき、都教委は各学校長に「利害関係者との接触に関する指針」（以下「指針」）を示しています。指針では、利害関係者（児童生徒、保護者、物品購入、教科書採択、教材選定など教職員の職務に利害関係を有する者）との間で、①会食（パーティーを含む）をすること、②遊技、スポーツ、旅行をすること、③金銭、物品（せん別、祝儀、香典な

どを含む）を受けること、④供応接待を受けることなどをしてはならないと定めています。

○上司の承認の要件

　ただし、これには2つの例外があります。1つは、職務に関係のない場合です。例えば、家族や友人などの個人的関係に基づく私生活面における行為は、指針に掲げる行為であっても、規制の対象とはなりません。

　もう1つは、上司の承認を得た場合です。指針に掲げる禁止事項であっても、上司の承認を得れば許容されます。この場合、上司の承認について、指針は次のように示しています。

　第1は、会食（パーティーを含む）。利害関係者との会食が承認されるのは、①職務上の必要性が認められ、正当な対価を支払う場合、②利害関係者の公式的行事に職務として出席する場合で社会通念上許される範囲の飲食が出される場合、③PTAの行事に出席する場合で社会通念上許される範囲の飲食が出される場合です。

　第2は、旅行。利害関係者との旅行が認められるのは、①職務として児童生徒を引率する場合（遠足、修学旅行、部活動など）、②職務上の必要性から利害関係者と出張する場合、③PTAの行事で旅行に参加する場合です。

　第3は、物品。利害関係者から物品を受領できるのは、①広く配布される宣伝広告用の物品で、社会通念上許される範囲のもの（カレンダー、手帳、ボールペンなど）、②利害関係者が主催する公式的な行事に職務として出席する場合で出席者全員に配布される記念品に限られます。

　服務規程などに反する行為は、服務義務違反として、地方公務員法上の責任が問われることになります。

Q16

お世話になった教育委員会の先輩に金品を贈ることは賄賂となりますか。賄賂と社交的儀礼の限界は、どう考えるべきでしょうか。

 ○人事をめぐる不祥事

平成20年に大分県で教員採用をめぐる汚職事件がありました。

報道によると、校長職にある者が自分の子を教員に採用してもらうために、県教育委員会の幹部に数百万円の商品券を渡した。請託を受けた県教委幹部は、頼まれた受験生の点数を水増ししただけでなく、他の受験生の点数を引き下げる操作までして不正採用をしていた。さらに、3人の教員が管理職になるのに人事担当者に50万円の金券を渡していた——という不祥事です。

次々と明るみに出る不祥事に世間はあきれ、これは大分県に限ったことなのか、と教育界に対する疑惑を深めました。

私の限られた知見にすぎないので、一般化していうつもりはありませんが、教育界には教員人事について、不明朗な力が働きやすい環境があるように思います。

1つは、県会議員などの口利きです。教員の人事異動について、教員が県会議員に口利きを頼み込むケースがあることを、かつて、教委の教員人事担当課長に出向していたとき経験しました。

もう1つは、先輩などの影響です。教員の世界は、教員養成大学を中心とした先輩・後輩のつながりがあります。また、教科の研究会などを通じたつながりもあります。そうしたつながりの中心に、有力者がいて、人事に影響力を行使する場合があるようです。

○どこまでが賄賂罪となるか

　人事担当者が職務に関して金品を受領することは、刑法の賄賂罪に該当します。賄賂罪は、収賄罪と贈賄罪に分かれます。

　まず、収賄罪。刑法197条は、「公務員が、その職務に関し、賄賂を収受し、又はその要求若しくは約束をしたときは、5年以下の懲役に処する」と定めています。ここで賄賂とは、「人の欲望をみたすに足りる一切の有形・無形の利益」（昭和36年1月13日最高裁判決）をいいます。金品はもちろん、飲食の接待、役務の提供、情交なども賄賂になります。賄賂は職務行為が行われた前か後かを問いません。

　賄賂は、職務上の特定の行為をすること（又は、しないこと）に対する対価です。したがって、対価的性格をもたない社交的な贈与は賄賂となりません。例えば、中元や歳暮は、通常、社交的儀礼と解されています。しかし、どこまでが社交的儀礼で、どこからが賄賂かの判定は困難です。これは贈与者と受贈者の地位、身分、交友関係など総合的に考えて判断するよりありません。中元や歳暮も身分不相応な多額の贈与ならば賄賂となります。

　次は、贈賄罪。刑法198条は「第197条……に規定する賄賂を供与し、又はその申込み若しくは約束をした者は、3年以下の懲役又は250万円以下の罰金に処する」と定めています。

　贈賄罪は、収賄罪と違ってその主体が公務員であるかどうかを問いません。大分県の事件では、賄賂を贈った側も教員でしたが、これが公務員でなかったとしても罪は同じです。

　では、保護者からの贈り物は賄賂になるでしょうか。教員が保護者から中元や歳暮をもらっても社交的儀礼の範囲なら賄賂にはなりません。しかし、すでに述べたように、これは利害関係者からの利益供与になりますので、公務員の倫理規定上認められません。

Q17

　教職員が保護者から集めた教材費を使い込んだ場合、どのような処罰を受けることになりますか。

A ○多い金銭がらみの不祥事

　教職員による使い込みがニュースになることがあります。例えば、このような不祥事です。

・北九州市の小学校教頭が学校の 100 周年記念事業のために PTA が積み立てていた預金 160 万円を無断で引き出し着服した。

・愛媛県内の教頭が児童らが集めた募金用預金から 23 万円余を引き出し、目的外の教材費などに流用した。

・熊本県内の中学校教頭が部活動中の事故でけがをした男子生徒への見舞金約 50 万円を借金返済のために横領した。

・埼玉県内の中学校長が卒業生から集めた同窓会費 11 万円余を指定の銀行口座に振り込まず飲食代などに充てた。

・山形県の県立高校の教諭が、保護者から集めた教材費などの現金約 73 万円を着服し、ギャンブルに使用した。

　文部科学省による教職員の懲戒処分の調査（平成 30 年度）をみると、公費の不正執行など金銭がらみで処分された件数は、訓告処分を入れると 58 件に及んでいます。これは表沙汰になった件数のみです。金銭の不祥事は表沙汰にならないで、密かに処理されるケースも少なくないでしょうから、金銭がらみの不祥事はもっと多いと推察されます。

○使い込みは業務上横領

　では、教職員の使い込みには、どのような処罰が科せられるでしょうか。

　教職員による使い込みは、業務上横領罪となります。業務上横領罪については、刑法253条で「業務上自己の占有する他人の物を横領した者は、10年以下の懲役に処する」としています。

　横領罪の対象は、「自己の占有する他人の物」です。PTAの会費や生徒の教材費などは、いずれも保護者の委託に基づいて、教員が管理している金銭です。それを委託の任務に背いて、権限がないのに、費消（変な言葉ですが、「消費」を法律用語ではこう表現します）することは横領罪となります。あとで戻すからというので、一時的に流用した場合でも、横領罪は既遂となります。

　次に、刑法に抵触する教職員の非行は、地方公務員法32条に定める法令遵守義務に違反します。さらに、横領は、地方公務員法33条で定める信用失墜行為にも該当します。法令遵守義務違反や信用失墜行為は、地方公務員法29条により懲戒処分の対象となります。冒頭に掲げた不祥事を起こした教職員は、いずれも免職や減給など重い処分を受けています。

Q_{18}

学校の私費会計については、どのような点に留意して管理すべきでしょうか。

A ○私費会計の管理は厳正に

学校には公費会計と私費会計があります。公費会計は、自治体の長が編成した教育予算について、教育委員会が一定の基準に基づいて各学校に配当して執行されるものです。

公費会計の執行に当たっては、自治体が定める予算規則や契約規則などに従って行われ、教育委員会でも「学校財務事務取扱要綱」（名称は自治体により異なります）を定めて、予算執行のルールを示しています。公費会計の執行については、財政当局の監査もあり、使い込みなどの不正が行われる余地はほとんどありません。

一方、学校には、教材購入費、学校給食費、部活動費、見学旅行費、修学旅行費、各種検査費、PTA 会費など様々な金銭を扱う私費会計があります。こうした保護者などから徴収する私費会計については、一般に管理が甘いことが指摘されています。

本来、学校としては、私費会計についても公金に準じた厳正な取扱いをする必要があるのですが、実際はなかなかそうはいかないようです。このため、前問に述べたような、教職員による使い込みが起きやすいわけです。

私費会計の適正な管理について留意すべき点は、次のとおりです。

まず、大切なことは、いかなる私費会計もその事務処理を特定の一人に任せきりにしてはならないということです。私費会計の処理は、必ず複数の人による内部牽制が機能するシステムをとることが必要です。これは校長や教頭といえども同じです。いや、実際の不祥事は、私費会計

を任されている教頭のところで起きているケースが少なくありません。

　次に、私費会計の取扱いについては、保護者などの批判や疑惑を招かないよう、責任ある事務処理が求められます。学校が徴収した経費については、経理の状況を保護者などに十分説明できるようにすることが大切です。年度末や事業が終了したときは、会計ごとに決算し、部内検査を行ったのち、保護者に決算報告をするルールを定め、それを確実に実施することが大切です。とくに、会計事務の担当を交代したときは、引継書により事務を引き継ぐことや、関係書類も公費会計に準じて一定期間保存することが必要です。

○安易に PTA に依存しない

　私費会計でもう１つ重要なことがあります。それは、本来、公費の予算で賄うべき経費を安易に PTA などの私費会計に依存しないということです。

　公立学校の運営にかかる経費は、議会の議決を経た歳入歳出予算により執行することが必要です。にもかかわらず、ともすると、一部の学校では、PTA などの私費会計に依存する傾向がみられます。

　例えば、学校施設の補修費や学校備品の購入を公費が足りないからという理由で、PTA などの私費会計から支出することは、望ましいことではありません。

　また、公務の出張旅費や生徒引率旅費などを PTA 予算で賄うことについて、文部科学省通知「学校関係団体が実施する事業に係る兼職兼業等の取扱い及び学校における会計処理の適正化についての留意事項等について」（平成 24 年 5 月 9 日）で、「公務のために旅行命令に基づき支給される旅費……について保護者等に負担転嫁してはならない」と示しています。

Q19

児童生徒の個人情報の入ったUSBメモリーを紛失した場合、どのような責任が問われますか。

 ○学校における情報漏えい

学校の情報管理の不備で、児童生徒の個人情報が流出したというニュースをよく目にします。例えば、こんな事故が起きています。

・愛知県内の中学2年生の256人の名前や住所、家庭環境などの個人情報がインターネット上に流出し、一時はだれでも閲覧できる状態になっていた。学校は流出原因は不明としている（平成28年6月7日付「毎日新聞」）。

・佐賀県の教育情報システムに何者かが不正侵入し、生徒の成績や個人情報が大量に流出した。同県教育委員会は、前年に校内システムのサーバーに対する不正侵入を把握していたが、パスワードを変更しただけだったという（同6月29日付「西日本新聞」）。

・京都府の亀岡市と京丹波町の中学校3校に勤務している男性非常勤講師が、生徒計238人分の成績などを記録した書類を紛失した。テストの点数が分からなくなったため、再テストを行った学校もあった（同7月12日付「産経新聞」）。

・千葉県の県立高校の男性主幹教諭が飲酒の帰り道で置引きにあって、生徒172人分の期末考査の答案用紙と個人情報を記録した教務手帳を紛失した（同7月13日付「千葉日報」）。

教育ネットワーク情報セキュリティ推進委員会の調査によると、平成30年度に学校で個人情報の漏えい事故が発生した件数は198件で、漏えい延べ人数は5万7千人余に及んでいます。漏えい事故は、年度始めや学期末・成績処理の時期に多く、事故の約40%が、成績情報を含む

ものとなっています。また、漏えい経路の大半は、書類と USB メモリーで、事故数の約 70% を占めています。

○個人情報の安全管理義務

　以前なら、教師のかばんが盗まれて個人情報を紛失したといえば、学校側はなかば「被害者」の立場で釈明できました。しかし、今日では、個人情報の漏えい事案が発生すれば、学校の個人情報管理のずさんさが厳しく非難されます。

　というのは、法令で個人情報の安全管理を義務付けているからです。すなわち、個人情報保護法（正式には「個人情報の保護に関する法律」）20 条は、「個人情報取扱事業者は、その取り扱う個人データの漏えい、滅失又はき損の防止その他の個人データの安全管理のために必要かつ適切な措置を講じなければならない」と定めています。

　個人情報保護法は、民間事業者を対象とする法律なので、学校については、私立学校にのみ適用があり、公立学校には適用がありません。しかし、公立学校には、各自治体が定める個人情報保護条例が適用されます。個人情報保護条例は、個人情報保護法と同様の規定を設けているので、学校における個人情報の管理責任は、私立も公立も変わりはないといえます。

　個人情報が流出した場合、その情報を管理していた者は、流出による損害を賠償する責任を負います。現実に民間企業では、個人情報の流出をめぐって損害賠償訴訟がかなり起きています。

　このため、個人情報の流出事件が発生したとき、保険会社が損害賠償費用や謝罪広告費用や弁護士費用などを保障する保険がよく売れているといいます。学校にとっても、いまや他人ごとではありません。

Q20

学校における個人情報の漏えいを防止するには、どのような点に留意すべきでしょうか。

 ○多様な学校の個人情報

学校の保有する個人情報は多様です。例えば、指導要録、内申書、学業成績表、生徒指導用データ、卒業生に関する情報、保護者や保証人に関する情報、教職員の個人情報、受験生やその保護者に関する情報などいろいろなものがあります。

また、児童生徒の試験答案、作文や図工作品、児童生徒や保護者との面談記録、教師の指導上のメモなども流出させてはならない個人情報です。

個人情報が学外に流出することは、多くの関係者の人権と利益に影響を及ぼします。とくに児童生徒の成績評価に関する情報は、デリケートな情報ですから、それが流出したとなると、児童生徒や保護者に与える影響は小さくありません。

個人情報の漏えいについて、個人情報保護法20条は、「個人情報取扱事業者は、その取り扱う個人データの漏えい、滅失又はき損の防止その他の個人データの安全管理のために必要かつ適切な措置を講じなければならない」と定めています。

これと同旨の規定は、各自治体の個人情報保護条例にも定められているので、公立学校でも個人情報が外部に流出することのないよう、安全管理に最大限の措置をとる必要があります。

学校において個人情報の流出事故が起きたときは、コンプライアンス違反であることは明白です。

○校外持ち出しの禁止

文部科学省は、学校における個人情報の安全管理について、通知「学校における個人情報の持出し等による漏えい等の防止について」（平成18年4月21日）で、次の留意点を示しています。

(1)　学校から個人情報などを持ち出す場合には、情報管理者の許可を得るなどのルールを明確化し、漏えい等（データの滅失、き損など）への防止対策を徹底する。

(2)　電子メールにより非公表の情報を学校外へ送信する場合も、当該情報にパスワードを設定した上で送信するなど、必要に応じて保護対策を行う。

(3)　個人情報の持出しによる漏えい事案では、教職員の認識不足によって発生する例が多いことから、漏えいの危険性について、教職員一人ひとりへ的確に周知を図るとともに、必要に応じて教育研修を実施する。

学校における個人情報の漏えい経路の7割は、書類とUSBメモリーの紛失です。学校における個人情報の漏えいを防止するためには、まず、個人情報の学校外への持ち出しを厳重に規制する必要があります。とくに学校の重要書類である指導要録については、校外に持ち出すことを禁止する必要があります。仮に教員から自宅での作業のためとして、指導要録の持ち出しの許可を求められても、校長は、校内で処理するよう命じ、持ち出しを許可すべきではありません。

持ち出し禁止にもかかわらず、教師が校外に持ち出して紛失した場合は、公務員法上の処分は免れません。当該教員が命令違反や信用失墜行為で懲戒処分を受けるのは当然ですが、校長も監督責任を問われることになります。

Q21

教師が担当児童の保護者の携帯電話番号を知人に教えることはコンプライアンスに反しますか。

A ○携帯番号漏えい事件

この問題を考えるに当たっては、次の事例が参考となります。

平成24年に京都府亀岡市で公立小学校の児童と保護者らが通学途上に無免許の少年が運転する軽自動車にはねられて、2人が死亡するという事故が発生しました。この事故では、被害児童が在籍する小学校の教頭が、事故で亡くなった女性（事故で重傷を負った同校1年生の母親）の携帯電話番号を加害者側に教えていたことが判明して、問題となりました。

この教頭は、旧知の間柄にある事故を起こした少年の親族から「被害者側に謝罪したいので、事故で亡くなった女性の家族の連絡先を教えてほしい」と頼まれ、つい学校の調査票に登録されていた携帯電話番号（死亡した保護者の番号）を教えてしまいました。加害少年の親族が被害者の家族に電話をかけたところ、死亡した女性の携帯電話にかかったため、被害者の親族はショックを受け、学校が無断で被害者の電話番号を教えるのは、非常識だと怒りました。

○公務員法上の守秘義務違反

この事例を法的観点から吟味すると、問題点は次のとおりです。

第1に、守秘義務です。地方公務員法34条は、「職員は、職務上知り得た秘密を漏らしてはならない」と規定し、違反者に「1年以下の懲役又は50万円以下の罰金」を科しています。

この事案については、①当該電話番号は教頭が職務上知り得た事実で

あること、②当該電話番号は公にされておらず一般に了知されていない事実であること、③死亡した当人の携帯電話に加害者の親から電話がかかってきたことで、被害者側にショックを与えたことなどを考慮すると、刑罰を科すかどうかは別として、守秘義務違反が問われることは避けられません。

　第2に、個人情報の漏えいです。亀岡市の個人情報保護条例をみると、実施機関（学校も含まれます）が保有する個人情報を本人の同意なしに第三者に提供することを禁じています（10条）。また、同条例でいう「個人情報」とは「個人に関する情報であって、特定の個人が識別され……得る情報」と定義されていますから、保護者の電話番号は、個人情報に該当することは疑いありません。となると、教頭が被害者側の同意を得ないで加害者側に電話番号を教えたことは、個人情報保護条例に違反することは明白です。

　同条例には、個人情報を本人の同意を得ないで第三者に提供した者に対する罰則規定はありませんが、公立学校の教頭が被害者の個人情報を無断で加害者側に知らせたことは、明らかな条例違反となりますので、懲戒処分の対象となることは避けられません。

　第3に、信用失墜行為です。地方公務員法は、「職員は、その職の信用を傷つけ、又は職員の職全体の不名誉となるような行為をしてはならない」（33条）と定めています。教頭の行為は、学校の不祥事として、マスメディアで大きく報道され、社会的にも厳しい批判を受けました。教頭の行為は、教職の信用を傷つけ、教職全体の不名誉となる結果を招いたわけです。となると、地方公務員法が禁止する信用失墜行為に該当する行為といわざるを得ません。

　教師は、職務上知り得た個人情報を本人の同意なしに他人に（どんなに親しい知人でも）知らせることは、法令上禁止されていることに留意すべきです。

伸縮性があって動きやすいので学校ではジャージ服で過ごしていますが、家庭訪問をするとき、校長からジャージ服はまずいと注意されました。校長には服装をチェックする権限がありますか。

 ○なぜジャージ姿が多いのか

一般に教師は服装を気にしないようです。そのこと自体は悪いことではありません。とはいえ、職業人として常識に外れた服装は好ましくないでしょう。

以前、校長をしているとき、知り合いの医師から「ジャージ姿の患者さんは、たいてい学校の先生です」と苦笑しながらいわれたことがありました。そういえば、学校でジャージ服を常用している教師は少なくありません。

これは分からないわけではありません。小学校の低学年では、子どもたちが「せんせーだっこ」「せんせーおんぶ」と甘えてきます。中には給食のカレーやシチューの付いた手で触ってきます。きれいなスーツを着ていては、このような子どもの気持ちに応えられません。

その点、ジャージは伸縮性があり活動も自由です。シワにならないし、汚れても簡単に洗えます。子どもと一緒に動き回らねばならない教師には便利な服装です。しかし、格別その必要がないと思われるのに、いつもジャージ姿で過ごすのはなぜでしょうか。

銀行員から民間人校長に登用された人が、初めて学校に出勤したとき、教職員の服装をみて驚いたといいます。職員室にいた教員は、まるでゴルフ場の帰りか、自宅周辺の散歩から直接学校に来たと思われるような服装だったからというのです。

教師も私生活でなら、公序良俗に反しない限り、どのような服装をし

てもかまわないでしょう。しかし、職場ではやはり教師として、それなりにふさわしい服装をする必要があります。

　ある学校でトレパンにツッカケで家庭訪問に出かけた教師がいて、PTA で問題になったことがありました。友人宅ならともかく、トレパンにツッカケで人の家を訪問するのは、社会常識に反します。教師が家庭訪問をするときは、保護者に敬意を表して、きちんとした服装で出かけるべきです。

○身分上の監督権限

　では、校長に教師の服装について注意する権限はあるのでしょうか。

　結論からいえば、校長には、教師が教育活動を遂行する上で支障となる服装である場合、又は教師としての信用を失墜するような服装である場合、それを是正すべき監督責任があります。

　その法的根拠は、学校教育法に定める「校長は、校務をつかさどり、所属職員を監督する」（37 条 4 項）の規定です。ここでいう「校長の監督」には、職務上の監督と身分上の監督が含まれます。

　職務上の監督とは、教職員が勤務時間中に職務の遂行を適正に行っているかどうかを監督することです。身分上の監督とは、勤務時間の内外を問わず、公務員としての身分に伴う服務義務（信用失墜行為の禁止など）を果たしているかを監督することです。

　つまり、校長の監督権限は、教職員の職務の遂行自体にとどまらず、職務外の生活関係にも及ぶわけです。教師の服装が社会常識からみて、不適切と認められるとき、その是正を求めることは、校長の権限であると同時に責務でもあるのです。

Q_{23}

教師にふさわしい服装とは、どのような服装ですか。その判断基準は何ですか。

 ○適切な服装の判断基準

教師の服装について直接的に規制する法令はありません。教師がどのような服装をするかは、原則として、教職員の自主的な判断に委ねられます。しかし、児童生徒の教育を行うにふさわしい服装であるかどうか、あるいは、教職の信用を失うような服装でないかどうかは、第一次的に服務監督者としての校長の判断によります。

では、児童生徒の教育を行う上でふさわしい服装とは何をもって判断するのでしょうか。教師らしい服装についての共通の基準はありません。一概にどれがよくて、どれがいけないとは決めがたいということになりますが、社会通念上これは行き過ぎという常識的な線はあると思います。

一般的には、「不潔でだらしない服装」「極端なミニスカート」「肌が透けてみえる薄い上着」などが問題となります。こうした服装が児童生徒の教育上好ましくないことは、大方の同意が得られるのではないでしょうか。

社会常識からみて、保護者のひんしゅくを買うような服装は避けるべきです。前述のトレパンにツッカケで家庭訪問をするようなことは、その例です。

こうした服装に対しては、校長は必要な指導をする必要があります。ただ、いきなり服務監督権に基づく指示命令というのではなく、まずは教職の先輩としての指導助言であるべきでしょう。

○服装には TPO が必要

　かつて、ネクタイの着用の是非が裁判になったことがあります。私立学校の事案ですが、新卒教員がネクタイを着用せず、髪の手入れもしないボサボサ頭で、日常の挨拶もちゃんとできないというので、1年の試用期間の終了後、解雇になりました。

　それを不服として裁判所に訴えたところ、東京地裁は、「教師がネクタイを着用せず授業等を行うことが、乱れた服装であるという社会通念はない」と判示して、解雇を取り消しました（昭和46年7月19日東京地裁判決）。

　ノーネクタイという理由のみで解雇するのは、もともと無理な処分だったというべきで、判決は妥当な判断と思います。とくに、いまはクールビズで、総理大臣もノーネクタイで公務をする時代に、ノーネクタイはだらしない服装ということにはなりません。

　とはいえ、社会人として、服装の TPO（Time・Place・Occasion）は大切です。例えば、卒業式や入学式は、厳粛かつ清新な雰囲気の中で行われる重要な式典です。来賓や保護者は正装して参列しています。そうした中で教師がマナーに反する非常識な服装で現れるのは許されません。

　昭和54年、高校の卒業式に音楽担当教員が T シャツに G パン姿で出席し、国歌斉唱時に『君が代』をジャズ調にアレンジした伴奏をして問題となった事件がありました。これは国歌斉唱に反対するための行為だったのですが、この教師は、公務員法上の服務義務違反として懲戒処分を受けました。

　入学式や卒業式以外でも、例えば、家庭訪問、保護者懇談会、入試説明会などでは、教師はきちんとした服装で臨むことが必要です。TPOにかなった服装をするのもスクール・コンプライアンスの1つです。

Q24

教員の兼職・兼業には、どのような制約がありますか。

 ○二足のわらじは原則禁止

　本業以外に他の仕事をすることを「二足のわらじを履く」といいます。サラリーマン社会では、二足のわらじを履くと、とかく批判を受けやすいものです。

　かの森鷗外も軍医として陸軍省に勤めながら、文筆活動をするというので、いろいろ批判を受けたといいます。森鷗外とならべるのはおそれ多いですが、私も30代から勤務のかたわら教育雑誌にものを書いてきました。ただ、在職中は本務を疎かにしているという批判を招かないよう、職場では原稿を書かないなど、常に気を配ってきました。

　これは教師も同じです。教師が本務の他の仕事をするときは、本務を疎かにしていると思われないよう注意する必要があります。それに兼業には一定の手続がありますから、定められた手続をとることが必要です。

　かつて、都立高校の定時制課程の教員が許可を受けずに、私立大学の講師を兼ねているのが発覚し懲戒処分を受けたことがありました。これは無断で兼業したのがいけないのであって、正式に教育委員会の許可を受けていれば、問題にならなかったケースです。

　では、教員の兼業は、どのような制約があるのでしょうか。

　まず、公務員が本務以外の仕事を兼業することは、原則的に禁止されています。この点について、地方公務員法は、「職員は、任命権者の許可を受けなければ……営利を目的とする私企業を営むことを目的とする会社その他の団体の役員その他人事委員会規則で定める地位を兼ね、若しくは自ら営利企業を営み、又は報酬を得ていかなる事業若しくは事務

にも従事してはならない」(38条) と定めています。

　法律の文章はややこしいですが、分かりやすく言い直すと、公務員は、任命権者の許可なしでは、①営利会社や営利団体の役員になってはいけない、②自ら営利企業を営んではならない、③報酬を得て他の仕事をしてはならない、ということです。

　公務員の兼業を原則として禁止する理由としては、①本務の遂行に能率の低下を招くおそれがある、②職務上の利害関係が生じるおそれがある、③職務の品位を損ねるおそれがあることなどが挙げられます。

　しかし、一切の兼業が禁止されるわけではありません。任命権者の許可を受ければ、公務員も本務以外の仕事をすることができます。

○公立学校教員の特例

　公立学校の教員については、一般の公務員とは違った扱いとなっています。教育公務員特例法に特例規定があって、兼業の制約が一般の公務員より緩められているのです。

　教育公務員特例法17条は、「教育公務員は、教育に関する他の職を兼ね、又は教育に関する他の事業若しくは事務に従事することが本務の遂行に支障がないと任命権者（県費負担教職員については市町村教育委員会）において認める場合には、給与を受け、又は受けないで、その職を兼ね、又はその事業若しくは事務に従事することができる」と定めています。

　ここで注目すべき点は、地方公務員法が、「従事してはならない」と兼業禁止を前提としているのに対して、教育公務員特例法は「従事することができる」と兼業肯定を前提としていることです。

　つまり、教員の場合は、「教育に関する職」や「教育に関する事業」であるなら、原則として、兼業をしてもいい、しかも兼業先から給与を受けてもいい、というわけです。

どのような仕事なら兼業が認められますか。

 ○兼業が認められる職

　教員の兼業について、弾力的な扱いをするのは、同じ教育に関する職なら、兼業を認めても本務に支障が少ないこと、あるいは、兼業することが本務にも役立つことなどを考慮したものです。

　もちろん、教員の兼業には任命権者の許可が必要です。ただし、公立小・中学校の教員（県費負担教職員）の兼業の許可は、任命権者である都道府県教育委員会ではなく、服務監督権を有する市区町村教委が行います。

　では、教育公務員特例法にいう「教育に関する他の職」や「教育に関する他の事業」とは、具体的に何を意味するのでしょうか。

　この点については、文部省（当時）と人事院が国立学校教員に関して決めた基準（昭和34年2月27日人事院回答）があります。それによれば、①公私立の学校や各種学校の教育を担当する職、②公私立の図書館、博物館、公民館、青年の家などの教育を担当する職、③教育委員会の指導主事、社会教育主事、審議会の委員、④学校法人、社会教育団体の役員、顧問、評議員などが、教育公務員特例法にいう教育に関する職に当たるとしています。この基準は国立大学の法人化で失効していますが、考え方そのものは今も公立学校の教員について適用されています。

○予備校の講師は認めない

　では、教育に関する仕事なら、教育委員会は兼業許可をするのでしょうか。

　教育に関する職であっても、必ずしも認めるとは限りません。やはり

仕事の内容によっては許可しない場合があります。例えば、東京都教委は「学校教育の本旨と相いれないもの又は都民の信頼を損ない学校教育に疑念を持たせるもの」は兼業を認めないとし（昭和 63 年教委訓令 7号）、これには「予備校や進学塾」が該当するとしています。東京都のみならず、他の教委も公立学校の教員が学習塾や予備校の講師を兼務することは認めていません。

　一部の教育委員会では、けいこ塾もダメというところもあるようですが、一般的にはけいこ塾の講師は認めています。カルチャーセンターの講師などは、生涯学習振興の観点からも積極的に認める方針をとっているところもあります。

　教員が片手間に自宅で児童生徒の個人教授を行うような場合は、「業」として行っているわけではないので、許可は要しないとされています。かつて、徳島県で県立高校の教員が、中学生約 60 人を相手に無許可で自宅で学習塾を開いているのが発覚し、懲戒処分を受けたことがあります。こうなると「業」として塾を行っているといわざるを得ないわけです。

　地方に行くと、教師が勤務時間外に住職の仕事をしているケースがあります。この場合、お布施は労働の対価としての報酬とはみなされないので、許可は要しないとされています。

　同じように、教員が勤務時間外に原稿を書いたり、講演をしたりして、原稿料や講演料を得るのは、以前はとくに許可を必要としませんでしたが、近年は公務員の倫理条例や倫理規程によって、服務監督権者の許可を要するとするのが一般的です。

Q26

　中学校で国語を教えていますが、校長から新年度から社会科も担当してほしいと頼まれました。社会科の免許状がなくても教えていいのでしょうか。

A　○免許法附則の暫定措置

　学校の教員は、各相当の教員免許状を有する者でなければならないことが教育職員免許法（以下「免許法」）で定められています（３条１項）。これを相当免許状主義といいます。相当免許状主義の理由は、教職の専門性にあります。すなわち、教職に求められる専門性は、児童生徒の発達段階に応じ、小学校、中学校、高等学校、特別支援学校の教員でそれぞれ異なっていますから、教員は各相当の免許状を有する者でなければならないわけです。

　しかし、教員定数などの関係から、中学校や高校に教科別の教員免許状を持つ教員を過不足なく配置することが困難な場合が生じます。そこで、例外措置として、免許外教科担任の許可制度が設けられています。

　免許外許可については、免許法附則２項で、「授与権者は、当分の間、中学校、義務教育学校の後期課程、高等学校、中等教育学校の前期課程若しくは後期課程又は特別支援学校の中学部若しくは高等部において、ある教科の教授を担任すべき教員を採用することができないと認めるときは、当該学校の校長及び主幹教諭、指導教諭又は教諭の申請により、１年以内の期間を限り、当該教科についての免許状を有しない主幹教諭等が当該教科の教授を担任することを許可することができる」と定めています。免許法の本則でなく、附則で「当分の間」と定めた趣旨は、免許外教科担任は本来のたてまえではなく、一時的な暫定措置と考えているからです。

　すべての中学校や高校などに、全教科について必要な教員を揃えることが困難な場合に、それを補う方法として、非常勤講師の採用がありますが、これには予算的な問題もありますし、仮に予算的な問題がないとしても、へき地などの学校では、非常勤講師を確保することが困難です。このためどうしても免許外教科担任を認めざるを得ないわけです。

○免許外許可の留意点

　免許外教科担任の許可を行うのは、都道府県教育委員会です。文部科学省は、平成30年10月に「免許外教科担任の許可等に関する指針」を策定し、都道府県教育委員会に通知しました。指針のポイントは、次のとおりです。

⑴　相当免許状主義の趣旨に鑑み、その例外である免許外教科担任については安易な許可は行わないことが原則であること。

⑵　教育委員会は、免許外教科担任が可能な限り生じないよう、学校種、教科指導に必要な教員を計画的に採用し、適正に配置すること。

⑶　やむを得ず免許外教科担任の許可が必要な場合は、免許外教科担任教員に対する研修その他の支援策（近隣校との連携、遠隔教育による支援等）を講じ、当該教員の負担の軽減及び教育の質の向上に努めること。

⑷　都道府県教育委員会は、免許外教科担任の許可に係る具体的な審査基準を定めておくことが適当であること。

⑸　都道府県教育委員会は、許可に際して、①担任授業数が過重となっていないか、②免許外教科のみを担任することとなっていないか、③初任者や経験年数の浅い教員に免許外教科を担任させることとなっていないか、などに留意すること。

Q27

夏休み中に進学希望者に補習授業を行い、PTAから謝礼金を受
領することは認められますか。

A ○補習授業の性質

　平成24年に沖縄県の公立高校で、進学指導を希望する生徒の保護者
の要望を受け、早朝授業や夏休みに行う夏季講座を行い、PTA会費か
ら謝礼（1回3,000円程度）が支払われていたことが問題となりました。

　この場合、法的に問題となるのは、早朝授業や夏季講座の実施の仕方
です。それが勤務時間内（夏休み中も週休日以外は勤務を要する日です）
に学校の教育活動として行われるものであれば、職務遂行の一環ですか
ら、PTAから謝金を受け取ることは認められません。また、PTA主催
の事業ならば、学校の教育活動ではなく、部外の事業となりますから、
教員の兼業許可と学校施設の使用許可の手続が必要となります。

　まず、教員の兼業許可ですが、これには地方公務員法38条と教育公
務員特例法17条の2つの手続があることは、すでに述べたとおりで
す。問題となっているPTA主催の補習授業は、教育公務員特例法17
条の特例基準に該当するかどうかについては議論の余地はありますが、
仮に教育公務員特例法が適用できない場合は、地方公務員法に基づき兼
業の許可を行うことになります。

　例えば、長崎県教育委員会は、教育長通知で、①長期休業期間中や放
課後など勤務時間内に課外授業を実施する場合、PTAなどからの報酬
は受領しないこと、②早朝や週休日などの勤務時間外にPTAなどが主
催する課外授業に従事する場合、地方公務員法38条に基づく許可の手
続を行うこと、という方針を示しています。

　沖縄県のケースは、課外授業の実施主体が学校かPTAか明確でない

まま、法令の定める手続をとらずに PTA から謝金を受領していたことが問題というわけです。

　もう 1 つ、学校内で PTA 主催の課外授業を行う場合、学校施設の目的外使用となりますから、本来の学校教育に支障がない範囲で校舎の目的外使用の許可の手続を得ることが必要です。

○文部科学省通知で示す留意点

　この問題について、文部科学省は、通知「学校関係団体が実施する事業に係る兼職兼業等の取扱い及び学校における会計処理の適正化についての留意事項等について」（平成 24 年 5 月 9 日）を出して、次の諸点について注意を促しています。

⑴　PTA などが補習や特別講座を行う場合、その事業の内容や実施方法が、学校の本来の教育活動として行われるべきと考えられるもの（教育課程の一部として実施していると見なさざるを得ないもの、自校の生徒が必ず参加しなければならないような運用が行われているもの、教職員の勤務時間と連続する形で行われ、勤務時間中の職務との区別が明確でないものなど）について、教職員が報酬を得て事業に従事することは、職務の信頼性や公正性を損ないかねないことから適当でないこと。

⑵　⑴で述べたもの以外の事業についても、兼職・兼業の対象となるものについては、地方公務員法 38 条又は教育公務員特例法 17 条の規定に従い、所要の手続が適切に行われる必要があること。

⑶　学校関係団体が補習などを実施する場合、学校における教育活動などに支障のない範囲で使用許可の手続が適切に行われることが必要であること。

Q28

夏休み中に自宅で研修することは認められますか。

 ○夏休み中も忙しい

　世間では「先生は夏休みがあっていいですね」と思っている人が少なくありません。しかし、教員にしてみれば「夏休みにのんびり休むなんて、とんでもない」と言いたいところでしょう。

　夏休みは、子どもは休みですが、教員は、日直、部活動、プール指導、サマーキャンプ、生徒指導、地域活動、諸記録の整理、保護者への連絡、2学期の準備など、多様な仕事に追われています。

　加えて、授業のないこの機会にと、各種研修が待ち構えています。夏休み中の教員は多忙です。

　しかし、なかには「自宅研修」の名のもとに休養や私用でのんびり過ごす教員もいないわけではありません。そうした教員の存在が世間の批判を招いているのでしょう。

　近年、教員の勤務に対する世間の目には厳しいものがあります。一部では地方議員や市民グループが情報公開で研修報告書を取り寄せ、教員の夏休み中の「自宅研修」の実態を調べて、問題事例を指摘する活動なども行われています。

　夏休み中であっても、ウイークデーは「勤務を要する日」ですから、教員には、学校に出勤する義務があります。

　夏休み中に教員が学校に出勤しないことが認められるのは、①公務出張、②職専免による研修、③職務命令による自宅勤務、④変形労働時間による休日のまとめ取り、⑤年次有給休暇、⑥条例に定められた夏期休暇（通常5日間）のいずれかに限られます。

　公務出張、夏期休暇、年次休暇は、定められた手続を踏んでいる限り

問題はありません。問題は職専免研修です。職専免研修でもとくにいわゆる「自宅研修」が批判の対象となります。

○職専免による自宅研修

「職専免」とは、職務専念義務の免除の略語です。職務専念義務について、地方公務員法は、「職員は、法律又は条例に特別の定がある場合を除く外、その勤務時間及び職務上の注意力のすべてをその職責遂行のために用い、当該地方公共団体がなすべき責を有する職務にのみ従事しなければならない」（35条）と定めています。

この条文は２つのことを規定しています。１つは、職員は勤務時間と注意力のすべてを職責遂行に用いなければならないこと、もう１つは、法律又は条例に特別の定めがある場合、職務専念義務が免除されることです。

公立学校の教員は、勤務時間及び注意力のすべてを学校運営又は教育活動などの遂行に充てることが求められます。これは夏休み中といえども同じです。しかし、「法律又は条例に特別の定がある場合」は職務専念義務が免除され、本来の勤務をしないことが認められます。

法律による職専免の１つとして、教育公務員特例法22条２項は「教員は、授業に支障のない限り、本属長の承認を受けて、勤務場所を離れて研修を行うことができる」と規定しています。これが自宅研修の根拠規定です。

ここでいう「本属長」は校長です。校長は自宅研修の承認を行う場合、校務運営に支障がないか、内容が研修にふさわしいか、成果が学校運営や教育活動に反映される可能性があるか、などを考慮しなければなりません。自宅での休養や個人的な用務など、研修の実態が伴わないものを自宅研修として承認することはできません。

Q29

夏休み中は授業に支障がないので、教師から自宅研修を申し出れば、校長は認めるべきではないでしょうか。

 ○学校慣行としての自宅研修

　過去には一部の地域や学校で、夏休み中の自宅研修について、教員から申請があれば、校長は、研修の内容や校務運営の支障の有無などを考慮することなく、自動的に承認することが学校慣行としてまかり通っていたところもありました。

　しかし、自宅研修と称して、釣りに行ったり、家族旅行に出かけたり、洗車や庭いじりをしたりしているのが、住民の目にとまり、教員の勤務管理はどうなっているのかと批判を招きました。

　こうした学校慣行は、教育公務員特例法の職専免の規定に明白に違反するもので、とうてい容認されるものではありません。

　それが裁判になったケースがあります。愛知県瀬戸市の小学校の教師が夏休み中の自宅研修を申請したところ、校長が職専免研修の要件を充たさないとして不許可にしました。申請した教師は、「授業のない夏休み中の自宅研修は、申請どおり当然承認されるべきだ。校長の不許可は学校慣行に反する」と訴えました。

　この訴えについて、名古屋地裁は、「学校長は、授業に支障がある場合は研修を承認してはならないが、この場合に限らず、申請された研修の内容、場所等に照らして当該研修が職務に関連し、教員の資質、人格の向上に寄与するものであるか否かの見地、さらには、研修を承認した場合に生じる校務運営上の支障の有無、程度等を総合的に考慮してその許否を決するべきであり、その判断は学校長の一定の裁量に委ねられていると解する」と判示した上で「授業に支障がない限り夏期休業期間中

の研修取得申請は当然承認されるべきであるとする原告の前記主張は採用することができない」（平成14年5月22日判決）と訴えを退けています。

○夏休み勤務の留意点

　文部科学省は、通知「学校における働き方改革の推進に向けた夏季等の長期休業期間における学校の業務の適正化等について」（令和元年6月28日）において、長期休業期間中にまとまった休日の確保に向けて積極的に取り組むよう促すとともに、職専免研修については、次のように適正な管理を行うことを求めています。

(1)　職専免研修については、真に教師の資質向上に資するものとなるよう、事前の研修計画書や研修後の報告書の提出等により、研修内容の把握・確認を徹底すること。

(2)　職専免研修は、教師に「権利」を付与するものではなく、職専免研修を承認するか否かは、校長がその権限と責任において適切に判断して行うものであること。

(3)　職専免研修の承認を行うに当たっては、自宅での休養や自己の用務など職務とは全く関係のないようなものや職務への反映が認められないものについて承認を与えるのは適当ではないこと。

(4)　職専免研修を特に自宅で行う場合には、保護者や地域住民等の誤解を招くことのないよう、自宅で研修を行う必要性の有無等について適正に判断すること。

(5)　職専免研修について「自宅研修」との名称を用いていると職専免研修が、自宅で行うことを通例や原則とするかのような誤解が生じるので、その名称を「承認研修」などとすること。

Q30

勤務校と子どもの学校の入学式が重なる場合、子どもの入学式に出るため年休をとって勤務校を休むことは認められますか。

 ○年休取得に賛否両論

平成26年4月、埼玉県の県立高校で新1年生の担任となった女性教諭が、長男の高校入学式に出席するため、年次休暇を取得して、勤務校の入学式を欠席したことがニュースになりました。

この女性教諭の行動をめぐって、世間では賛否が分かれました。多くは「担任の自覚が欠如している」と女性教諭を非難する意見でしたが、女性教諭の行動を支持する意見も少なくありませんでした。

このニュースを耳にしたとき、私は、自分が校長だったら、どうしただろうかと考えました。結論は、私も年休を承認しただろうと思いました。年休の法的性質からみて、不承認とすることが難しいからです。

年次休暇は、労働基準法39条に基づく勤労者の権利で、職員の労働力の維持培養を図るため、勤務を要しない日以外に年間の一定日数の休みを、職員の希望する時期に与え、かつ、その休みを有給とするものです。

問題は、年次休暇の申し出があった場合、校長は、必ず承認しなければならないか、どうかです。この点について、かつて形成権説と請求権説が争われました。形成権説とは、年次休暇は労働者の一方的意思により成立するという考え方で、この説によれば、教職員が校長に年次休暇を届ければ、校長の承認のあるなしにかかわらず、年休が有効に成立することになります。

一方、請求権説とは、年次休暇は使用者の承認があって成立するとする考え方です。この説では、教職員が年次休暇を請求しても、校長の承

認がなければ成立しません。

　公務員が年次休暇を使ってストライキを実行した時代、この論争が盛んでしたが、最高裁判決（昭和48年3月2日判決）で、「使用者が、客観的に事業の正常な運営に妨げがあることを理由に、時季変更権の行使をしない限り、労働者の指定により年次休暇が成立する」旨を判示し、この論争にひとまず終止符が打たれました。

　要するに、勤労者が年次休暇を届け出た場合、客観的に事業に支障があるときにのみ、使用者はその時季を変更させることができるが、使用者が時季変更権を行使しなければ、年次休暇は勤労者の指定により有効に成立するというわけです。これは時季指定権説と呼ばれています。

○校務運営上の支障の有無

　では、どのような場合、事業の正常な運営を妨げることになるのかです。これはケース・バイ・ケースで判断することになりますが、一般的には、校務の繁閑、その教職員の学校における職務上の地位、担当する職務の内容、代替要員確保の難易などを総合的に判断した上で、時季変更権を行使するか否かを決めることとなります。

　公務員がストライキに参加するため年休を請求するような場合は、明白な違法行為ですから、校長は年休を認めることはできません。しかし、たまたま一人の教員が入学式に欠席することをもって、客観的に学校の正常な運営を妨げるとは言い難いでしょう。まして、その教師にとっては生涯に一度しかない長男の高校入学式への出席です。校長として、その申請に時季変更権を行使することは難しいというべきでしょう。

Q31

公務員が年休をとってストライキに参加するのは違法といわれるのは、なぜですか。

 ○スト禁止は憲法に反しない

1960年代、70年代には、公務員のストライキが行われました。公立学校の教師も公務員共闘というのでストに参加するケースがありました。スト参加者は、法令違反として懲戒処分を受け、それが裁判となって法廷でストライキの是非が争われました。

周知のように、公務員の争議行為は、法律で禁止されています。地方公務員法37条は「職員は、地方公共団体の機関が代表する使用者としての住民に対して同盟罷業、怠業その他の争議行為をし、又は地方公共団体の機関の活動能率を低下させる怠業的行為をしてはならない。又、何人も、このような違法な行為を企て、又はその遂行を共謀し、そそのかし、若しくはあおってはならない」と定めています。

法律ではっきりと争議行為を違法と定めているのに、なぜストライキが行われたのでしょうか。

いまは最高裁の判例も確定しているので、公務員のストが違法であることは周知されていますが、以前は地方公務員法のスト禁止の規定は憲法違反という説がまかり通っていました。つまり、憲法28条は「勤労者の団結する権利及び団体交渉その他の団体行動をする権利は、これを保障する」と定めて、労働者に労働基本権を保障しています。公務員にも憲法上の労働基本権は及ぶから、地方公務員法の争議行為の禁止規定が違憲なのだ、というわけです。

○休暇闘争は「虚しい粉飾的行為」

　公務員法で定める争議行為の禁止規定が憲法 28 条に違反するか否かについては、早くから法廷で争われましたが、最高裁の判断は、一貫して公務員の争議行為の禁止規定を合憲としてきました。

　代表的な判例は、全農林警職法事件最高裁判決（昭和 48 年 4 月 25 日）です。同判決は、公務員の労働基本権は、公共の福祉の制約を受けるから、争議行為の禁止規定は合憲であると判示し、その理由として、次の 4 点を挙げています。

(1)　争議行為は、公務員の職務の公共性と相容れず、それは公務の停滞をもたらし、国民全体の利益に重大な影響を与えること。

(2)　公務員の勤務条件の決定は、立法府の議論の上でなされるもので、争議行為の圧力による強制を容認する余地はないこと。

(3)　私企業では過大な要求は企業経営を悪化させ、失業を招くという歯止めがあるが、公務員には歯止めがないこと。

(4)　公務員の身分、任免、服務、給与などについては、法律で詳細な規定を設け、準司法機関的性格をもつ人事院を設けていること。

　では、年次休暇をとってストに参加することは、なぜ認められないのでしょうか。

　地裁段階では、例えば、「授業を放棄することを意図しておりながら、ことさらに為された本件有給休暇の手続の如きは、空しい粉飾的行為に過ぎない」（昭和 37 年 12 月 21 日福岡地裁判決）という判決がありましたが、その是非について論争が絶えませんでした。しかし、昭和 48 年に最高裁で「業務の正常な運営の阻害を目的として、全員一斉に休暇届を提出して職場を放棄・離脱するものと解するときは、その実質は、年次休暇に名を借りた同盟罷業にほかならない」（昭和 48 年 3 月 2 日判決）と一斉休暇闘争の違法性を明確に判示し、論争に終止符を打ちました。

Q32

　教師が入れ墨をすることは法的に禁止されていますか。教育委員会が教師に対して入れ墨調査を行うことは認められますか。

A　○組織内部の規制

　わが国では入れ墨そのものに対する法的規制はありません。入れ墨に関する規制としては、「暴力団員による不当な行為の防止等に関する法律」で、指定暴力団員が未成年者に入れ墨を施すことを強要する行為などを禁止する規定があるのみです。それともう1つ、国の法令ではありませんが、青少年保護育成条例で、未成年者に入れ墨を施す行為を禁止する規定を置いている県があります（例えば、栃木県、石川県など）。

　では、公務員に対し、入れ墨を規制したり、その有無をチェックしたりすることは可能でしょうか。この点については、平成24年に大阪市で職員の入れ墨調査を実施し、社会問題となりました。

　仮に市当局が一般市民に対して入れ墨の調査を行うとしたら、表現の自由やプライバシーの侵害として問題となるでしょう。しかし、公務員組織内部の秩序維持のため、当局が所属職員に入れ墨調査を行うことを表現の自由やプライバシーの侵害というのは当たりません。

　民間企業でも企業秩序の維持のために、被雇用者に対し、服装、髪型、口ひげなどに制限を課す事例は少なくありません。福岡地裁小倉支部判決（平成9年12月25日）は「一般に企業は企業内秩序の維持・確保のため、労働者に必要な規制、指示、命令等を行うことが許される」とした上で、「（それは）企業の円滑な運営上必要かつ合理的な範囲内にとどまるべき」ものと判示しています。

　地方公務員は、住民の奉仕者として公共の利益のために勤務するものであり、その勤務関係は、一般市民社会とは異なる部分社会を形成して

います。したがって、公務員組織の秩序維持のため、職員に対して必要かつ合理的な規制を行うことは許容されます。

○必要かつ合理的な範囲内

　問題は、入れ墨の規制や調査が、公務の業務の円滑な運営上、必要かつ合理的な範囲内かどうかです。市民の中には、入れ墨をした職員が窓口で応接に当たっていることに不安感や不信感を持つ者は少なくありません。そうした市民の不安などに配慮して、入れ墨のある職員を市民と直接接するポストに配置しないなどの措置をとることは、必要かつ合理的な規制といえます。

　学校の場合は、教師が入れ墨をしていたら、多くの父母は不安に思うでしょう。学校には子どもと接しないポストなぞありませんから、入れ墨がある教師を他に配置換えにすることもできません。仮に他の学校に配置換えすれば、今度は異動先の父母の不安を招くことになります。法令に禁止規定がないとしても、教職の倫理として入れ墨はすべきではないでしょう。

　大阪市の入れ墨調査では、入れ墨の有無を尋ねた調査への回答を拒んだ職員を戒告処分とした是非が法廷で争われました。大阪地裁判決（平成26年12月17日）は、入れ墨調査は「社会的差別の原因となるおそれがある個人情報の収集を原則禁じた市個人情報保護条例に違反して無効」と判示して、職員への処分を取り消しました。

　しかし、大阪高裁判決（平成27年10月15日）は、入れ墨を市民の目に触れさせないための調査は正当で、差別につながる個人情報の収集を禁じた条例にも反しないと判示し、一審判決を覆して職員側逆転敗訴の判決を言い渡しました。

Q33

教職員の私事旅行について何か制約がありますか。

A ○国内旅行は届け出制

　本来、私事旅行は、個人の問題ですから、休日や休暇中に私用で旅行をすることは自由のはずです。しかし、公務員の場合は、私事旅行にも一定の制約を設けている場合があります。例えば、警察官などの場合は、緊急時にはいつでも呼び出しに応じられるよう、所在を明らかにする必要があり、このため私事旅行については必ず届け出が必要とされています。

　教職員についても、届け出制を設けているところは少なくありません。これは災害や学校事故などが起きたとき、学校管理職や学級担任の所在が不明であっては、事故の処理に支障をきたすことになるからです。

　例えば、会津若松市の学校管理規則では「校長及び職員は、宿泊を要する私事旅行をするときは、私事旅行届を校長は教育長に、職員は校長に提出しなければならない。ただし、5日以内の職員の私事旅行にあっては、この限りでないが、連絡先は校長に報告するものとする」（24条）と定めています。

　これは学校管理規則で定める例ですが、学校職員服務規程（訓令）などで規定している例も少なくありません。例えば、東京都の学校職員服務規程は「職員は、私事旅行等により、その住所を離れるときは、その間の連絡先等をあらかじめ上司に届け出なければならない」（13条1項）と定めています。横浜市の学校教職員服務規程も同じように、「教職員は、泊を伴う私事旅行等により住居を離れる場合は、その間勤務先からの緊急時連絡に対応できるようにしておかなければならない」（20条）

と緊急対応を明示しています。

○海外旅行には許可制も

　私事旅行も国内旅行については届け出となっていますが、これが海外旅行となると「許可」を要件とする自治体もあります。例えば、前掲の東京都の学校職員服務規程は、「職員のうち教育職員は、海外旅行をしようとするときは、別に定めるところにより別に定める者の許可を受けなければならない」（13条2項）と定めています。いずれにしても、私事旅行の扱いについては、教育委員会により異なりますので、自分の所属する教育委員会の規則や規程をよく調べておく必要があります。

　では、私事旅行の届け出があった場合、校長は学校運営の都合により、それを止めさせることができるでしょうか。制度上、届け出となっている場合、届け出を受理しないとか、不許可にするということはあり得ません。しかし、通常、私事旅行は年次休暇をとって行う場合が多いと思いますが、年次休暇の取得により学校運営に著しく支障が生ずるおそれのあるときは、校長は時季変更権を行使することができます。

　かつて、千葉県内の3つの中学校から3年生の担任教諭28人が、卒業式を終えたあと、ハワイに自費で海外旅行に出かけたため、1年生や2年生の授業の一部が自習となり、保護者から、学期中に教員が集団で海外旅行をするのは不謹慎と批判の声があがりました。校長は、卒業式も終わったので、3年生を担当した教員にご苦労さんという意味で海外旅行を認めたと釈明しましたが、いくら担当学年の生徒が卒業したからといって、1年生や2年生の授業が残っている学期中に多数の教師が集団で年休をとることは不適切です。校長は、時季変更権を行使して、適正な学校運営を確保すべきです。

Q34

結婚した後も職場では旧姓を使用したいと考えていますが、これは認められますか。

 ○旧姓使用を求めた裁判

　結婚後も旧姓を使用したいと考える女性教師は少なくありません。職場によっては、旧姓使用を認めないところもあり、紛糾して裁判になったケースもあります。

　平成28年に東京都下の私立中高一貫校に勤める女性教員が、学校で旧姓の使用が認められないのは人格権の侵害であるとして、旧姓の使用と約120万円の損害賠償を求めて裁判を起こしました。訴えに対し、東京地裁は、結婚後の「戸籍上の氏」は、旧姓に比べて「より高い個人識別機能があるというべき」と指摘し、「旧姓を使うことが人格権の1つとして保護されるものだとしても、職場で戸籍名の使用を求めることをもって、違法な侵害とは評価できない」と判示して、原告の請求を棄却しました。

　わが国の民法750条は「夫婦は、婚姻の際に定めるところに従い、夫又は妻の氏を称する」と規定しています。この規定が憲法13条（個人の尊重等）、14条（法の下の平等）、24条（両性の平等）に違反すると訴えた裁判について、最高裁は、民法の規定を合憲とする判断を示しています。

　最高裁判決（平成27年12月16日）は、「家族は社会の自然かつ基礎的な集団単位であるから、このように個人の呼称の一部である氏をその個人の属する集団を想起させるものとして1つに定めることにも合理性がある」とし、「（民法の）本件規定は、夫婦が夫又は妻の氏を称するものとしており、夫婦がいずれの氏を称するかを夫婦となろうとする者の

間の協議に委ねているのであって、その文言上性別に基づく法的な差別的取扱いを定めているわけではなく、本件規定の定める夫婦同氏制それ自体に男女間の形式的な不平等が存在するわけではない」と判示しています。

○選択的夫婦別姓制の方向

　裁判所の判決は、夫婦別姓の訴えを退けていますが、世の流れは夫婦別姓を容認する方向にあるといえます。

　まず、国家公務員については、平成11年に各省庁人事担当課長会議申合せにより、職場での呼称をはじめ、人事異動通知書、出勤簿、休暇簿、職員録などでの旧姓使用を容認しており、国立の附属学校はこの方針を採用しています。自治体でも、例えば、東京都教委が学校職員服務規程で旧姓使用の容認を規定するなど、夫婦別姓を認めるところが少なくありません。

　また、「女子に対するあらゆる形態の差別の撤廃に関する条約」は、選択的夫婦別姓の導入を規定しており（16条1項）、国際連合の女子差別撤廃委員会は、日本の民法が定める夫婦同姓を「差別的な規定」と批判し、条約の規定に沿った国内法の整備を勧告しています。

　これを踏まえて、法制審議会答申「民法の一部を改正する法律案要綱」は、「夫婦は、婚姻の際に定めるところに従い、夫若しくは妻の氏を称し、又は各自の婚姻前の氏を称するもの」と述べて、選択的夫婦別姓制度の導入を提言しています。

　選択的夫婦別姓とは、夫婦は同じ氏を名乗るという現行制度に加えて、希望する夫婦が結婚後にそれぞれの結婚前の氏を名乗ることも認める制度です。いずれ民法が改正され選択的夫婦別姓制が導入されることとなりましょう。

第 II 章

教育指導のコンプライアンス

Q35

学習指導要領に定める必修内容や必修科目は、必ず履修させなければなりませんか。その根拠は何でしょうか。

 ○必修科目の未履修

平成 28 年に東京都東村山市の中学校で、保健体育の男性教師が、実技を充実させる方が効果的として、学習指導要領で定められた「保健」の時間を体育の実技に充て、2 年余にわたって、保健の授業をまったく行っていなかったことが発覚し、学習指導要領違反として問題となりました。

それより 10 年前、平成 18 年に高校の必修「世界史」の未履修騒動が全国で起きました。富山県の高校で必修「世界史」を履修させていないことがニュースで流れたら、あっという間に、全国に飛び火して大きな社会問題になった事件です。

これらの未履修事件では、だれもが指導要領の法的拘束性を当然の前提として批判を展開しましたが、以前は必ずしもそうではありませんでした。というのは、日教組やこれを支援する教育研究者は、指導要領の法的拘束力を否定し、その是非が論争的課題となっていたからです。

法的拘束力論争の争点は、指導要領の性質が指導助言文書か法規命令かという点にありました。戦後、日教組は、指導要領は単なる指導助言文書にすぎないから、教師は従う必要はないと主張し、ことあるごとに国のカリキュラム政策に反対を唱えました。

これに対応するため、文部科学省は、指導要領は単なる指導助言文書ではなく、法令の委任に基づいて定められた法規命令であり、法的な効力をもつという見解を強調しました。

指導要領の法的性質をどう考えるかは、教育課程法制の基礎・基本で

す。以下にその仕組みを説明します。

○指導要領の法的仕組み

　まず、学校教育法 33 条は「小学校の教育課程に関する事項は……文部科学大臣が定める」と規定しています。この規定を受けて、文部科学大臣は、学校教育法施行規則で教科目や授業時数を定めた上で、「小学校の教育課程については……教育課程の基準として文部科学大臣が別に公示する小学校学習指導要領によるものとする」（同規則 52 条）と規定しています。

　教育課程法制は、学校教育法の委任に基づいて、学校教育法施行規則で教育課程の大枠を定め、さらに同施行規則の複委任に基づいて、告示の形式で指導要領を定めるという仕組みとなっています。行政法学では、このように法律の委任に基づき、行政機関が定める規則を「法規命令」と呼んでいます。つまり、指導要領は法規命令として法的な効力をもっているわけです。

　指導要領が指導助言文書か法規命令かは、法廷でも争われました。当初、下級審の判決で判断が分かれましたが、昭和 51 年に最高裁で指導要領の法的効力を是認する判決が出て、この問題に決着がつきました。

　学力調査事件最高裁裁判（昭和 51 年 5 月 21 日）は、「学習指導要領は……全国的な大綱的基準としての性格をもつものと認められる」とし、「普通教育の内容及び方法について遵守すべき基準」と判示しました。その後、伝習館高校事件の最高裁裁判（平成 2 年 1 月 18 日）も、「学習指導要領は、法規としての性質を有するとした原審の判断は、正当として是認できる」とこれを追認しています。

Q_{36}

学習指導要領に定める必修科目を履修しなかった生徒の卒業認定はどうなりますか。

 ○補習授業で是正

　学習指導要領に反する教育課程編成は法令違反となります。私立学校には指導要領の適用がないと誤解している教師もいるようですが、指導要領は、国公私立を問わず、すべての学校に適用されます。指導要領に違反する教育課程は、是正する必要があります。必修「世界史」の未履修が問題となったとき、文部科学省は、未履修の必修科目の補習授業を年度内に実施するよう通知「平成18年度に高等学校の最終年次に在学する必履修科目未履修の生徒の卒業認定等について」（平成18年11月2日）を出しました。問題となった「世界史」は2単位なので、本来70コマの授業が必要ですが、通知では、生徒の負担が荷重にならないよう「50単位時間程度」に縮減できる措置を示しました。

　ここで留意を要するのは、高等学校の指導要領では、履修と修得を区別していることです。「履修」とは、授業に出席することで、通常、授業時数の3分の2程度出席した場合、その科目の履修が認められます。一方、「修得」とは、指導内容を会得することで、履修要件をクリアした上で、その科目の成績が一定水準に達した場合に単位が認定されます。

　指導要領が必修科目について定めるのは、履修義務であって修得義務ではありません。したがって、未履修科目について生徒に求められるのは、未履修科目の補習授業への出席であって、補習を受けた結果、成績が一定水準に達するかどうか（つまり、単位が修得できるかどうか）までは求めていません。いずれにしても、履修認定や修得認定は校長の権限に属します。

○卒業認定は有効

　問題となるのは、卒業生の扱いです。当初、卒業生の卒業認定が取り消されるのではと心配した向きもありましたが、通知で「取り消す必要はない」と示しました。文部科学省通知が「取り消す必要はない」といったのは、行政法学でいう「瑕疵ある行政行為の治癒の理論」に基づいています。

　行政行為は、法律に適合していなければなりません。しかし、ときに内容や手続などに瑕疵（欠陥）がある場合があります。瑕疵ある行政行為は、普通、無効又は取消しの対象となりますが、無効又は取り消すことにより、相手の信頼を裏切り法律生活の安定を害する場合、その瑕疵が治癒されたものとみなして、適法な行政行為として扱うという理論です。

　必修科目未履修の卒業認定は、指導要領違反（法令違反）で瑕疵ある行政行為です。しかし、それを取り消すと、著しく法的安定を損ないます。そこで瑕疵を治癒したものと見なして、卒業を有効としたわけです。

　実はもう１つ問題がありました。それは調査書の扱いです。大学進学などの際、必要となる調査書について、高校側は、未履修科目を履修したように偽って提出していました。これは刑法155条の公文書偽造罪に該当するおそれがあります。

　このとき調査書について公文書偽造で問題となることはありませんでしたが、未履修騒動の渦中で一人の校長が自殺しました。その校長は「調査書、成績表について、生徒に瑕疵はありません」という遺書を残していました。こうなると、指導要領違反も人の生死にかかわる深刻な問題といわねばなりません。

Q37

学習指導要領に示していることをすべて教えないと指導要領違反になるのでしょうか。また、指導要領に示していないことを教えてはいけないのでしょうか。

 ○指導要領は弾力的基準

まず、学習指導要領の法的拘束力について説明します。

法的拘束力という言葉は厳めしい法律用語なので、ともすると誤解されますが、もともと指導要領の基準性は、教育の本質から弾力的なものと解されています。例えば、労働基準法で定める基準は、その基準に少しでも外れると法律違反となりますが、指導要領の場合は示されている内容を1から10まで落ちなく教えなければ指導要領違反になる、というものではありません。

例えば、**Q35**で見たように、中学校の保健体育で「保健分野」の指導を全部オミットすることは指導要領違反となりますが、「体育分野」の水泳指導でたまたま「背泳ぎ」を取り上げなかったからといって指導要領違反が問われるようなことはありません。大筋において指導要領に定める方向に従えばよいものなのです。指導要領は、教師の指導を画一的に律する基準ではなく、多様な営みを許容する弾力的な基準なのです。

○指導要領は最低基準

次に、指導要領の基準は、ミニマム基準かマキシマム基準かについて説明します。

平成10年の指導要領の改訂で、学校5日制に対応する教育課程という観点から、教育内容が大幅に精選されました。このため、児童生徒の学力を低下させるのではないかとの批判が起き、それをきっかけとして、

指導要領は、ミニマム基準かマキシマム基準か問題となりました。

　文部科学省は、指導要領の内容精選に伴う国民の学力低下への懸念を払拭するため、平成14年に「学びのすすめ」を公表し、「学習指導要領に示す各教科等の内容は、いずれの学校においても取り扱わなければならないという意味において、最低基準としての性格を有している」ので、学校では指導要領を超えて指導することが可能である旨を示しました。

　指導要領が最低基準であることは、このとき初めて言い出したことではなく、昭和30年代から言明していたことです。例えば、指導要領が初めて告示の形式で制定された昭和33年の教育課程審議会答申において「小学校および中学校の教育課程の国家的な最低基準を明確にし……義務教育水準の維持向上を図る」と明確に述べていました。このときの指導要領から総則に「学校において特に必要がある場合には、第2章以下に示していない内容を加えて指導することもできる」という項目が加わり、それが現在まで続いているわけです。この項目が指導要領の最低基準性を前提としていることは明らかでしょう。

　文部科学省が、「学びのすすめ」で、あらためて指導要領の最低基準性を示した趣旨は、「学習指導要領の内容を十分理解している児童生徒に対しては、学習指導要領の内容のみにとどまらず、理解をより深めるなどの発展的な学習に取り組ませ、さらに力を伸ばしていくことが求められます」という点にあります。

　指導要領は最低基準ですから、それをベースにして、各学校において児童生徒の実態に応じた指導をすることが求められ、必要に応じて、指導要領の内容を超える発展的指導も許容しています。

Q38

　教科書には使用義務があるといわれますが、具体的にどのような場合に使用義務違反が問われるのでしょうか。

 ○**教科書の使用義務**

　学校教育法34条は、「小学校においては、文部科学大臣の検定を経た教科用図書又は文部科学省が著作の名義を有する教科用図書を使用しなければならない」と定めています（この規定は、中学校、高校などにも準用されています）。

　この規定は、検定教科書と国定教科書に使用義務があることを定めています。つまり、学校教育における各教科の授業では、検定教科書又は国定教科書があるときは、必ずこれらの教科書を使用しなければならないことを義務付けているわけです。

　では、教科書の使用義務とは具体的に何を意味するのでしょうか。この問題が裁判となったケースがあります。それは伝習館高校事件です。伝習館高校事件とは、昭和45年に福岡県立高校の教師（3人）が指導要領を逸脱し、かつ、教科書を使用しないで偏向教育をしたことで、免職処分となった事案です。

○裁判所が示した使用義務

　伝習館高校事件の一審判決（昭和53年7月28日福岡地裁判決）は、教科書の使用義務について、次のように判示しています。

　「教科書を使用したといいうるためには、教科書を教材として使用しようとする主観的な意図と同時に客観的にも教科書内容に相当する教育活動が行なわれなければならない。右の両者を併せもつとき初めて教科書を教材として使用したといいうるであろう」

　「もっとも１年間にわたる当該科目の授業の全部にわたり右の関係が維持されていることを厳密に要請されているとは言えず要は当該科目の１年間にわたる教育活動における全体的考察において教科書を教材として使用したと認められなければならないということであろう」

　少し長い引用となりましたが、これを読めば、教科書の使用義務が何を意味するかが分かると思います。この判決では、教科書の使用義務の要件として、①教科書を使用しようとする主観的な意図、②教科書内容に相当する客観的な教育活動の２つを挙げています。この解釈は、福岡高裁判決（昭和58年12月24日）及び最高裁（平成２年１月18日）も支持しました。

　しかし、こうした法律論で教科書を論ずるのは、教育の場にそぐわないと考える教師は少なくないと思います。日々の授業で、教科書使用の主観的意図があるか、教科書に沿った客観的活動があるかなどと、いちいち意識して指導は行えないという気持ちが強いでしょう。それに図画工作や生活科などでは、教科書をほとんど使わない授業を行っています。

　こうした疑念はもっともです。日常の授業で教科書の使用義務などということをいちいち意識する必要はありません。普通の教師が、普通に授業をしている限り、教科書の使用義務が問題となることはありません。

　伝習館高校事件で問題とされたのは、単に教科書を使用しなかったからではなく、あまりにひどい偏向教育が行われていたことが問題となったからです。一例を挙げれば、免職処分を受けた教師の日本史の期末試験の出題が「社会主義社会における階級闘争」「スターリン思想とその批判」「毛沢東思想とその批判」でした。授業の偏向ぶりは想像するに余りあります。

Q39

よく「教科書を」教えるのか、「教科書で」教えるのかが議論と
なりますが、これはどう考えるべきでしょうか。

 ○教科書カリキュラム

「教科書を教える」のか「教科書で教える」のかという問題は、昔か
ら取り上げられ、いまも議論となる、いわば古くて新しい問題です。

いうまでもなく、教科書は教科の「主たる教材」として学校教育では
重要な存在ですが、ともすると、教科書にあることを隅から隅まで克明
に教える、いわゆる「教科書を教える」タイプの授業が少なくありませ
ん。

こうした授業は、教科書を目的的資料とする考え方に基づくものとい
えましょう。わが国の教育課程は「教科書カリキュラム」だといわれる
ことがあります。つまり、教科書で指導計画を立て、教科書で授業を展
開し、教科書で評価をする、という教科書への依存傾向があることは否
めません。いわゆる教科書中心主義の考え方ですが、これが行き過ぎる
と、教科書絶対主義の弊に陥るおそれがあります。

授業で大切なことは、児童生徒の実態に即応した創意工夫に満ちた多
様で弾力的な指導です。そうした指導は、「教科書で教える」授業でこ
そ、はじめて実現できます。

戦後の教育法制は、そのことを明らかにしています。学校教育法34
条1項は、「小学校においては、文部科学大臣の検定を経た教科用図書
又は文部科学省が著作の名義を有する教科用図書を使用しなければなら
ない」と定め、同4項は「教科用図書及び第2項に規定する教材以外の
教材で、有益適切なものは、これを使用することができる」と規定して
いるからです。

○アクティブ・ラーニングの視点

　これらの規定をみれば明らかなように、授業では教科書を使用する義務がありますが、教科書は唯一の教材ではなく、教科書以外の教材を用いることを前提としています。つまり、教科書を方法的資料と位置付けているわけです。

　文部省（当時）通知も「教科書の使用に当たっては、学習指導要領に示す教科等の目標および内容に照らして、また児童生徒の実態を考慮して、必要により、その記述内容の取扱に軽重を加えたり、内容を精選したりするなどの配慮を行うこと」（昭和47年10月27日）と明記して、このことについて念を押しています。

　学習指導要領の総則では「児童が自ら学習課題や学習活動を選択する機会を設けるなど、児童の興味・関心を生かした自主的、自発的な学習が促されるよう工夫すること」（第3－1－(6)）を求めています。

　また、中央教育審議会答申「幼稚園、小学校、中学校、高等学校及び特別支援学校の学習指導要領等の改善及び必要な方策等について」（平成28年12月21日）では、児童生徒の「主体的な学び、対話的な学び、深い学び」の実現を目指した「アクティブ・ラーニング」を重視しています。アクティブ・ラーニングでは、問題を発見・解決したり、自己の考えを形成し表したり、思いを基に構想・創造したりする「深い学び」が求められています。

　こうした要請に対応するためには、従来にもまして、「教科書を教える」のではなく、「教科書で教える」授業が重要となるといえましょう。

Q40

民間会社から教科書や補助教材の執筆依頼がある場合、引き受けてもいいでしょうか。

 ○兼業許可が必要

　教科書や補助教材は学校教育において重要な位置を占めるもので、その編集には多くの専門家の知識と経験を集めて編集を行っています。よりよい教科書や教材を作成するためには、教育実践の場にある教師が加わることは必要不可欠なことです。

　公立学校の教師が教科書や教材の編集に参加し、執筆に当たることは、教員の兼業ということになりますから、地方公務員法又は教育公務員特例法による規制を受けます。この場合、教科書や教材の編集や執筆については、教育公務員特例法 17 条ではなく、地方公務員法 38 条の規定が適用になるものと解されます。

　地方公務員法 38 条は「職員は、任命権者の許可を受けなければ……報酬を得ていかなる事業若しくは事務にも従事してはならない」と定めていますので、報酬を得て教科書の編集や執筆を受けるには任命権者（県費負担教職員については服務監督者である市町村教育委員会）の兼業許可が必要となります。

　公立学校教員の兼業については、教育委員会の訓令や通知で許可の要件を定めています。一般的には、①兼業により本務がおろそかになったり、学校運営に支障を生じたりするものでないこと、②公務員としての職を傷つけたり、職員全体の不名誉となったりするものでないこと、③児童生徒や父母が不安を持ったり、疑念を抱いたりするものでないことなどが、許可要件となっています。

○東京都教育委員会の例

　例えば、東京都教委は、通知「学校職員の兼業等及び教育公務員の教育に関する兼職等に関する事務取扱規程の運用上の留意事項等について」（平成15年7月18日）で、「校長及び副校長が教科書……教材の作成等に関する業務に従事することも認められない」と明記しています。これは教科書や教材の選定の公正を確保するため、採択にかかわる可能性のある校長や副校長について兼業許可の対象外にしたものと考えられます。

　とはいえ、東京都教委は、教科書の編集や執筆を行うことを否定しているわけではありません。東京都の「教科書、教材等の作成に関するガイドライン」（平成15年12月18日）では「児童・生徒の指導に直接携わる教育職員が教科書、教材などの作成にかかわることは、教育現場に適した、児童・生徒が学びやすい教科書及び教材の実現や教育職員自身の教科の専門性の向上等の効果をもたらす」としており、主幹教諭、指導教諭、教諭が教科書や教材の編集・執筆にかかわることを積極的に認めています。

　ただし、許可を受けて教科書や教材の作成に関与した教員は、その教科書や教材が採択の対象となる年度には、採択事務にかかわることができないとしています。教科書や教材の選定の公正を確保する上で当然の要件というべきでしょう。

Q41

　教科書会社から教科書について意見を求められた場合、引き受けてもいいでしょうか。

 ○不公正取引で社会問題に

　平成27年に出版社の三省堂が公立中学の校長ら11人を会議に招き、検定中の中学英語教科書（いわゆる白表紙本）を配布して、教科書内容について意見を聴取し、謝礼（各5万円）を支払った事実がメディアで報道され問題となりました。その後、ほとんどの教科書会社が同じように、検定中の教科書について謝礼を伴う意見聴取を行っていることが明らかとなり、世間の批判を浴びました。

　問題となったのは、検定中の教科書について謝金を伴う意見聴取を行ったのは、自社の教科書の採択を有利に進めようとする不公正取引ではないかという点です。この点について、公正取引委員会も独占禁止法に基づく調査に入り、是正勧告の措置をとりました。

○公務員の服務上の問題

　独禁法の規制に加えて、文部科学省も教科書会社に対し教科書採択の公正確保を求めており、その一環として、検定中の教科書（白表紙本）の配布を禁止しています。すなわち、教科用図書検定規則実施細則では、「申請者は、文部科学省が申請図書の検定審査の結果を公表するまでは……その内容が当該申請者以外の者の知るところとならないよう、適切に管理しなければならない」と定め、白表紙本の配布を厳しく禁止しています。上記の教科書会社の謝礼金の支払いは、この規定に違反する行為なのです。教科書会社から白表紙本を示されて意見を求められた場合、それは文部科学省の規則に反する行為であることを認識する必要があり

ます。

　教科書採択の公正確保の問題とともに、もう1つ、教科書会社の不祥事に関与した教員について、公務員の服務が問題となります。問題となるのは、次の諸点です。

　第1に、教科書会社の会議への出席が、教員の勤務を要する日である場合、職務専念義務の免除の手続をとらないで出席すれば、地方公務員法35条の職務専念義務違反が問われます。

　第2に、許可を得ないで意見聴取に応じて、謝金を受領したとしたら、地方公務員法38条の兼業禁止に抵触するとともに、許可なく利害関係者から便宜供与を受けたことで、公務員の倫理規定にも反します。

　第3は、謝金の受領と教科書の採択との間に不正の疑惑がある場合、地方公務員法33条に定める信用失墜行為が問われることになります。

　第4に、教員が教科書選定審議会の委員や調査員などである場合、教科書会社の求めに応じて、検定中の教科書について意見を述べ、謝金を受領することは、収賄罪（刑法197条）に該当するおそれなしとしません。

　教師としては、教科書会社から意見聴取の依頼がある場合には、慎重に対応することが必要です。

　教員と教科書会社との接触については、教育委員会によっては、上司の承認を要するなどの規制を加えています。例えば、東京都教育委員会は、通知で「教科書、教師用指導書又は教材について教科書会社又は教材会社との意見交換に従事する場合は、上司の承認を得なければならない。ただし、当該意見交換の従事に関しては、いかなる謝礼又は報酬も得てはならない」と示しています。

Q42

授業で教科書以外の補助教材を使用していますが、補助教材について法令はどのように規定していますか。補助教材の選定に当たっては、どのような点に留意すべきですか。

 ○補助教材とは

学校では多様な補助教材が使われていますが、学校教育に関する法令には「補助教材」という言葉を使っている条文はありません。といっても、補助教材に関する規定がないわけではありません。

学校教育法34条4項は「教科用図書及び第2項に規定する教材以外の教材で、有益適切なものは、これを使用することができる」と定めています。ここでいう「教科用図書及び第2項に規定する教材以外の教材」がいわゆる補助教材です（ちなみに「第2項に規定する教材」とはデジタル教科書を意味します）。

学校では教科書が中心的な教材として使われています。すなわち、教科書は「教育課程の構成に応じて組織排列された教科の主たる教材」（教科書の発行に関する臨時措置法2条）として位置付けられており、かつ、教科書には使用義務が定められています（学校教育法34条1項）。

しかし、上に述べたように、学校教育法は、教科書以外の補助教材の使用も容認しています。というのは、教科書以外の補助教材を使用することで、児童生徒の興味や関心を喚起し、多様な学習活動を展開し、学習の成果を的確に評価して、教育効果をより高めることができるからです。

現在、補助教材と呼ばれるものを大別すると、図書教材、メディア教材、実物教材に分かれます。まず、図書教材は、学校で日常的に多く使われているもので、ワーク教材、ドリル教材、テスト教材などのほか、

副読本、資料集、辞典、児童図書など様々なものがあります。次に、メディア教材は、ビデオ、カセットテープ、CD、DVD などの視聴覚教材ですが、最近はコンピュータを用いたデジタル教材が多くなっています。また、実物教材は、単元によって使用することがある生きた動物や植物などです。

○補助教材の選定

　補助教材について、文部科学省は、通知「学校における補助教材の適切な取扱いについて」(平成 27 年 3 月 4 日) を出しています。通知では、「各学校においては、指導の効果を高めるため、地域や学校及び児童生徒の実態等に応じ、校長の責任の下、教育的見地からみて有益適切な補助教材を有効に活用することが重要である」と示しています。

　また、補助教材の選定に当たっての留意点として、①教育基本法、学校教育法、学習指導要領等の趣旨に従っていること、②使用される学年の児童生徒の心身の発達の段階に即していること、③特定の事柄を強調し過ぎたり、一面的な見解を十分な配慮なく取り上げたりするなど、特定の見方や考え方に偏った取扱いとならないこと、④保護者の経済的負担が過重にならないこと——などを挙げています。

　補助教材の選定に当たっては、各学校や地域、あるいは児童・生徒の特性などを考慮し、授業のどの場面で、どのような教材を準備し、活用したらよいかを考えて、最も適切な教材を選ぶことが大切です。

Q43

補助教材は、教師が自由に使用していいのでしょうか。

 ○教育委員会の承認・届出

　補助教材は、教師が勝手に選んで使用していいというものではありません。補助教材の使用については、法律で使用上の手続が定められています。

　すなわち、地方教育行政法（正式名は「地方教育行政の組織及び運営に関する法律」）33条2項で、「教育委員会は、学校における教科書以外の教材の使用について、あらかじめ、教育委員会に届け出させ、又は教育委員会の承認を受けさせることとする定めを設けるものとする」と定めています。

　この規定を受けて、教育委員会は、通常、学校管理規則で補助教材の使用手続について定めています。教育委員会が定める補助教材の使用手続としては、①教育委員会の承認を要するもの、②教育委員会への届け出を要するものに分けて定めています。このいずれにも該当しない場合は、承認も届け出も必要としません。

　この場合、何を承認事項とし、何を届け出事項とし、何を承認も届け出も要しないとするかは、それぞれの教育委員会の定めるところによるので必ずしも一律ではありません。ただ、一般的には学校管理規則で、次のように決めている場合が多いといえましょう。

〔承認を要する教材〕準教科書

〔届け出を要する教材〕副読本、学習帳、練習帳、参考書など

　ここで「準教科書」とは、教科書の発行されていない教科の主たる教材として使用するものをいいます。現在これに該当するのは小学校の体育（体育分野）のみです。

　補助教材の選定は、教師の個人的な判断で行うべきものではなく、校長のリーダーシップの下に、選定委員会などを設けて、適正な手続で行う必要があります。

○不適切教材の使用禁止

　承認を要する教材は、教育委員会の承認がなければ使用できません。届け出を要する教材は、届け出て教育委員会から別段指示がなければ、そのまま使用できます。

　しかし、教育委員会から指示がある場合は、それに従わなければなりません。たとえ使用中の補助教材であっても、教育委員会が有益適切でないと判断した場合は、その使用を禁止できます（昭和28年7月10日文部省初等中等教育局長回答）。

　かつて、政治的中立性の観点から、補助教材の使用がしばしば問題となりましたが、最近は、政治的偏向の事例はほとんどなくなりました。しかし、教育的に不適切な補助教材の使用が問題となるケースは、ときどき起きています。例えば、平成17年に参院予算委員会で、大阪府や神奈川県の小学校で使用している性教育の副読本が小学生の教材として不適切だとして問題となったことがありました。また、平成27年には、小学校の授業でイスラム国の日本人殺害画像が使われた事例が教育的に不適切として問題となりました。

　このとき、文部科学省は、通知「学校における補助教材の適切な取扱いについて」（平成27年3月4日）を出して、補助教材の使用に当たっては、「多様な見方や考え方のできる事柄、未確定な事柄を取り上げる場合には、特定の事柄を強調し過ぎたり、一面的な見解を十分な配慮なく取り上げたりするなど、特定の見方や考え方に偏った取扱いとならないこと」を要請しました。

Q_{44}

市販のワークブックをコピーして授業に使うことは認められますか。

 ○コピーが認められる要件

学校では、時間的余裕がないなどの理由で、つい手近にある市販のワークブックやドリルブックをコピーして授業で使ってしまうこともあるようですが、これは著作権法で禁止されているので注意を要します。

まず、著作権法の規定から見てみましょう。

著作権法 35 条は、「学校その他の教育機関（営利を目的として設置されているものを除く。）において教育を担任する者及び授業を受ける者は、その授業の過程における利用に供することを目的とする場合には、その必要と認められる限度において、公表された著作物を複製……することができる。ただし、当該著作物の種類及び用途並びに当該複製の部数及び……態様に照らし著作権者の利益を不当に害することとなる場合は、この限りでない」と定めています。

著作権法は、著作者の権利を守るために、個人的又は家庭内で私的に使用するための著作物の複製は認めていますが、それ以外の目的で複製することを禁止しています（30 条）。しかし、学校において授業に利用する場合は、その例外として、上掲の 35 条の規定を設けているわけです。

学校において著作物の複製が認められる要件は、次のとおりです。

(1) 教育を担当する者及び授業を受ける者であること

(2) 授業の過程で利用することを目的とすること（教科の授業の他、特別活動も含まれる）

(3) 必要とされる限度に限ること（小説などをまるごと複製するのは限度を超える）

(4)　公表された著作物の複製であること

(5)　著作権者の利益を不当に害しないこと

○市販教材のコピーは違法

　補助教材で問題となるのは、(5)の要件です。すなわち、著作権法35条の但し書きに「当該著作物の種類及び用途並びに当該複製の部数及び……態様に照らし著作権者の利益を不当に害することとなる場合は、この限りでない」と規定していますが、市販の補助教材をコピーして使用することはこの規定に抵触します。

　本来、市販のワークブックやドリルブックなどは、児童生徒の人数分購入されることを期待して編集し販売されています。したがって、見本として送られてきたもの、あるいは教師が1部だけ購入したものを、多量にコピーして児童生徒に配付する行為は、その問題集の売上げの減少となり、出版会社や著作権者の利益を不当に害することになるので、35条但し書き違反となるわけです。

　ワークブックやドリルブックのほか、楽譜なども児童生徒分購入されることを期待して販売している商品ですから、そのコピーは認められません。また、教育番組を録画して授業で使うことは許容されますが、市販の教育用ビデオをコピーして使うことは許されません。

　このように、便利だからとか、教育効果が上がるとか、教育目的だからといって、授業で用いる著作物の複製のすべてが認められるわけではありません。安易に市販教材をコピーして使用し、著作権者から訴えられ、損害賠償訴訟を起こされたケースもありますので注意しましょう。

Q45

学校がオンライン授業を行う場合、教師は著作者の許諾なしで著作物を利用した資料等を送信できますか。

 ○**著作権の権利制限規定**

前問で解説したように、学校教育に関しては、著作権法35条で学校の対面授業で使う場合は、原則として、著作者の許諾がなくても、著作物を複製して使用することができる権利制限規定を設けています。

この権利制限規定は著作権制定時（1970年）から定められていましたが、ＩＣＴ（情報通信技術）を利用した遠隔教育が行われるようになったことから、平成15年に同条を改正し、対面授業を遠隔地にリアルタイムで中継する場合についても、権利者の許諾なしで著作物を送信できる規定を加えました。

しかし、対面授業の同時中継ではないスタジオ等におけるオンライン授業については、上記の権利制限規定が適用されないため、オンライン授業で著作物を利用した資料等を送信する場合、著作権者の許諾が必要となります。その場合、著作権者の許諾がすんなり得られれば問題ありませんが、著作権者の所在を探したり、許諾を得る交渉に手間どったり、交渉しても許諾が得られなかったりと著作権処理がオンライン授業の障壁となっていました。

○授業目的公衆送信補償金制度の導入

そこで、平成30年に著作権法35条が再度改正され、「授業目的公衆送信補償金制度」（以下「公衆送信制度」）が規定されました。公衆送信制度は、学校設置者が文化庁の指定する権利者団体に一括して補償金を支払うことで、個別の許諾を要することなく著作物を円滑に利用すること

ができる制度です。

すなわち、改正された著作権法35条は「学校その他の教育機関（営利を目的として設置されているものを除く。）において教育を担任する者及び授業を受ける者は、その授業の過程における利用に供することを目的とする場合には、その必要と認められる限度において、公表された著作物を……公衆送信……を行い、又は公表された著作物であって公衆送信されるものを受信装置を用いて公に伝達することができる。」と定めています。この公衆送信制度により、オンライン授業において、著作物を利用した講義映像や資料をインターネットで送信したり、予習や復習の教材をメールで送信したりすることができるようになりました。

ただし、留意すべき点が2つあります。1つは、公衆送信制度の対象となるのは、「教育を担任する者及び授業を受ける者」なので、教育委員会が主体となって、授業用教材や動画を作成し、送信するような場合は、著作権者の許諾を必要とすることです。もう1つは、著作権法35条但し書きの「著作権者の利益を不当に害することとなる場合は、この限りでない」という規定は、公衆送信制度にも適用があるので、例えば、ワークブック、ドリルブック、楽譜などを著作者の許諾なしに無断送信はできないことです。

公衆送信制度は、令和3年度からの施行が予定されていましたが、令和2年に新型コロナウイルス感染症の流行で一斉休校が続き、オンライン授業の要請が高まったため、1年前倒しで令和2年4月から施行されました。令和2年度に限って補償金について無償措置がとられました。

Q46

コンピュータ・プログラムを校内の複数のパソコンにインストールすることは認められますか。

 ○バックアップ・コピーのみ許容

　学校では、「教育のため」ということから、1つのプログラムを複数のパソコンにインストールして使っているケースがあります。しかし、これは著作権法35条但し書きにより違法となります。

　市販のプログラムを1つだけ購入し、それを複数台のパソコンにコピーすれば、コピーした部数だけ、そのプログラムの潜在的市場を阻害することになります。これは著作権35条但し書きにいう「著作権者の利益を不当に害することとなる場合」に該当するので、許されません。

　もう1つ、著作権法47条の3は、コンピュータ・プログラムの複製について、「プログラムの著作物の複製物の所有者は、自ら当該著作物を電子計算機において利用するために必要と認められる限度において、当該著作物を複製することができる」と定めています。

　ここでいう「必要と認められる限度」とは、滅失、毀損に備えるためのバックアップ用コピーを作成する場合や、機種やOSに対比させるための翻案をする場合です。

　バックアップとして複製できるのは、通常1つに限られます。バックアップ・コピーを複数台のコンピュータで使用したり、他人に使用させたり、譲り渡すことは、「必要と認められる限度」を超えることになり許されません。

Q47

　学校の文化祭で演劇を上演したり、体育祭でプラカードや看板に人気アニメのキャラクターを使ったりする場合、原作者の許諾が必要ですか。

 ○文化祭の上演

　まず、一般に演劇の上演や音楽の演奏を行う場合、上演権や演奏権があるので、著作権者の許諾を得る必要があります。しかし、著作権法38条は、「公表された著作物は、営利を目的とせず、かつ、聴衆又は観衆から料金を受けない場合には、公に上演し、演奏し、上映し、又は口述することができる。ただし、当該上演、演奏、上映又は口述について実演家又は口述を行う者に対し報酬が支払われる場合は、この限りでない」と定めています。つまり、①上演や演奏などが営利を目的としないこと、②聴衆から料金を取らないこと、③演奏者や出演者に報酬が支払われないこと、の3要件を満たす場合は、著作権者の許諾を得ずに、音楽の演奏や演劇の上演ができます。学校の文化祭における上演や演奏が、この要件に該当する場合は著作者の許諾は要しません。

○体育祭でのキャラクター使用

　次に、体育祭などで、プラカードや看板などに人気漫画やアニメのキャラクターを描くことは、著作物の複製に該当しますから、本来、著作権者の許諾が必要となります。しかし、学校の体育祭は、授業の一環と考えられるので、著作権法35条に定める「授業の過程における使用」に該当するものとして、著作者の許諾なしで、アニメのキャラクターなどを使用することが認められます。

Q48

校長からサッカー部の顧問を依頼されましたが、サッカーの経験がないので辞退したいと思います。辞退は可能でしょうか。

○教育課程外の位置付け

　周知のように、部活動は、スポーツや文化などの分野で共通の興味関心を持った生徒たちが、学級や学年の枠を越えて集まり、自発的・自主的に行う活動です。部活動は、生徒の思いやりの心や責任感・連帯感を育成する上で有効な活動で、その教育的意義には大きいものがあります。

　部活動の位置付けについては、過去の学習指導要領では、部活動の一部を必修クラブ（週1時間）として、正規の教育課程に位置付けたこともありましたが、現行の指導要領では、部活動は教育課程外の活動として位置付けられています。ただ、部活動の教育的意義に鑑み、「学校教育の一環として、教育課程との関連が図られるよう留意すること」（総則）と示されています。

　しかし、「教育課程との関連を図る」というだけでは、部活動の位置付けの不明確さは否めません。このため、「校長が教員に校務分掌の一環として職務命令で強制的に部活動顧問を担当させることが、法律上当然に許されるわけではない」（神内聡『学校内弁護士　学校現場のための教育紛争対策ガイドブック』日本加除出版、2016）とする見解もありますが、この考え方は、学校教育法に定める教員の職務をいささか狭く解釈していると思います。

○校務としての分掌命令も

　指導要領に基づかなくても、学校が必要と考えて実施する活動は、学校の教育活動であることに変わりありません。指導要領に基づかない教

育活動としては、部活動の他に、例えば、朝の読書活動、放課後の補習授業、夏季休業中のプール指導、家庭訪問、生徒指導など様々なものがあります。

　また、学校には、教育活動以外にも、出納業務、文書作成、統計資料作成、給食費徴収、図書館業務、施設管理——など、教師が分掌して処理すべき様々な業務があります。

　これらはいずれも、学校教育法 37 条 11 項の「教諭は、児童の教育をつかさどる」の規定に含まれる教員の職務と解されます。

　とくに部活動については、最高裁判決も「課外のクラブ活動であっても、それが学校の教育活動の一環として行われるものである以上、その実施について、顧問の教諭を始め学校側に、生徒を指導監督し事故の発生を未然に防止すべき一般的な注意義務のあることを否定することはできない」(昭和 58 年 2 月 18 日判決) と判示して、部活動が学校の校務として行われていることを明らかにしています。

　平成 18 年に、東京都教育委員会の専門委員会は報告書をまとめ、部活動の法的位置付けが明確でないため、学校管理規則で明確にすることを提言しました。これを受けて、東京都教委は、平成 18 年に学校管理規則を改正し、「学校は、教育活動の一環として部活動を設置及び運営するものとする」「校長は、所属職員（事務職員等を除く。）に部活動の指導業務を校務として分掌させることができる」とする規定（12 条の 12）を設けました。これらの規定は、学校教育法 37 条 4 項及び 11 項の規定内容を確認的に定めたものといえます。

　部活動の顧問はできるだけ教師の希望を生かした形で分担することが望ましいことはいうまでもありませんが、校長の校務分掌権に基づく、職務命令があれば、これを拒否することは、職務命令違反となります。

Q49

部活動の指導では、成績の向上を図るため、ときには厳しい指導も必要です。厳しい指導と体罰の境界はどのように考えるべきでしょうか。

 ○部活動と体罰

平成24年に大阪市立高校でバスケットボール部キャプテンの2年男子生徒が「体罰がつらい」という遺書を残して自殺した事件が起き、大きな社会問題となりました。

体罰が法律で禁止されていることを知らない教員はいないはずですが、大阪市立高校の部活顧問は、指導のためなら生徒を殴っても許されると勝手に解釈して、体罰を繰り返していました。その事実を校長もある程度承知しながら、部活顧問がバスケット部の成績を上げていたことから、校長は顧問教諭に対して厳しい指導ができなかったといわれています。部活顧問も校長もスクール・コンプライアンスの意識が欠如していたといわざるを得ません。

大阪市立高校における体罰事件を受けて、文部科学省の「運動部活動の在り方に関する調査研究協力者会議」は、平成25年5月に報告書をまとめ、その中で「運動部活動での指導のガイドライン」を示しました。

○運動部指導のガイドライン

ガイドラインでは、運動部活動の指導上必要と考えられる事項として、顧問教員だけに運動部活動を任せないで学校全体で考えること、各学校で運動部活動ごとに適切な指導体制を整えること、部活動指導の目標・内容を明確にした計画を策定すること——など7項目を示しています。

7項目の1つとして、「肉体的、精神的な負荷や厳しい指導と体罰等

の許されない指導とをしっかり区別すること」を挙げています。厳しい指導と体罰の境界は微妙であり、仕分けは簡単ではありませんが、ガイドラインは、3つの類型に分けて、体罰に該当しない具体例について、次のように示しています。

　第1は、通常のスポーツ指導による肉体的・精神的負荷と考えられるもの。例えば、

・バレーボールで、様々な角度から反復してボールを投げてレシーブをさせる
・柔道で、初心者の生徒に対して、様々な受け身を反復して行わせる
・野球の試合でスクイズを失敗した生徒にスクイズの練習を中心に行わせる　など

　第2は、運動部活動で教育上必要があると認められるもの。例えば、

・試合中に危険な反則行為を繰り返す生徒を試合途中で退場させて見学させる
・練習で遅刻を繰り返し、計画に基づく練習内容を行わない生徒を試合に出さずに他の選手の姿勢や取り組みを見学させる　など

　第3は、正当防衛又は正当行為としての有形力の行使。例えば、

・顧問教員の指導に反抗して教員の足を蹴った生徒の体をきつく押さえる
・練習中に危険な行為を行った生徒の腕を引っ張って移動させる
・試合中に相手チームの選手とトラブルとなり、殴りかかろうとする生徒を押さえ付けて制止させる　など

Q50

対外競技で生徒を引率する場合、公共交通機関の利用が不便なので、顧問教諭が自家用車に生徒を同乗させて往復することは認められますか。

 ○自家用車の公務使用規則

中学校や高校の運動部は、対外試合などに参加するため、校外の試合場所に出かけることが少なくありません。とくに部活が活発で、成績のランキングが上位になると、対外試合の機会は一段と多くなります。

試合場所が公共交通機関の便利なところなら現地集合でいいわけですが、そうでない場合は、民間会社のマイクロバスをチャーターしたり、自治体所有の自動車を借りたりして、生徒を引率することになります。それも難しいときは、引率教員が自家用車に生徒を乗せて試合会場に連れて行かざるを得ないことになります。

しかし、教員の自家用車による輸送は、万一往復路で事故が発生した場合、だれが、どのように責任を負うかが問題となります。このため、多くの教育委員会は、自家用車の公務使用に関するルールを定めて、規制を行っています。

例えば、石川県七尾市の「児童及び生徒の引率に係る自家用車等の使用に関する要綱」（以下「要綱」）を見ると、概略、次のように定めています。

第1は、届出と承認です。要綱は、自家用車を引率に使用しようとする教員は、あらかじめ自家用車を校長に届け出ておき、それを引率に使用する場合は、その都度あらかじめ校長の承認を受けなければならない、としています。

第2は、承認の要件です。要綱は、校長の承認の要件として、まず、

①災害発生などにより緊急を要する場合、②目的地に至る交通機関が利用困難又は不便な場合、③複数の目的地を巡回するなど交通機関を利用すると能率が著しく低下する場合、④引率に必要な携行品が多量にある場合などに限定しています。

　次に、これらの要件に合致しても、①運転する教員が免許取得から3年以内又は常時自家用車を運転していない場合、②過去1年以内に道路交通法に違反した場合、③運転する教員が、傷病、過労、睡眠不足などにより運転に適さない状態にある場合、④運転する教員が、自家用車に対人賠償無制限、対物賠償1,000万円以上及び搭乗者1,000万円以上の任意保険に加入していない場合、⑤自家用車が整備不良の場合、⑥用務地が県外又は1日の運転時間が6時間、1日の走行距離が400キロメートルを超える場合、⑦運転が深夜に及ぶ場合、⑧気象条件や道路条件が悪い場合、⑨同乗する児童生徒の保護者が不同意の場合などには承認してはならないとしています。

　第3は、損害賠償です。要綱は、教員が自家用車の引率使用中に他人に損害を与えた場合、市が損害賠償の責任を負うとしています。ただし、自動車損害賠償保障法による責任保険及び任意保険によって補てんできる損害は、それを優先させます。市が損害を賠償した場合、運転した教員に故意や重大な過失があったときは、市は、教員に求償することができます。なお、学校の管理下の事故と認定される場合は、独立行政法人日本スポーツ振興センターの災害共済給付（医療費、負傷見舞金、死亡見舞金）が受けられます。

　教員が校長の承認を受けずに自家用車で引率して事故を起こした場合は、損害賠償などはすべてその教員の負担となります。教員は独断で生徒を同乗させて対外試合などに出かけることがないよう注意を要します。

Q51

子どもたちの発案で、教室でクリスマス会を開こうとしたら、同僚教員から宗教の中立性に反するのではといわれました。公立学校では、クリスマス会などはやってはいけないのでしょうか。

 ○社会的習俗なら許される

　毎年12月になると、ジングルベルの曲とともにクリスマスがやってきます。イブの日には、普段キリスト教に縁のない人も、クリスマスケーキを買って家族で祝います。いつもながらの歳末の風景ですが、これを公立学校でやったらどうなるのでしょうか。

　子どもたちの発案で、教室にみんなでクリスマスツリーを飾り、クリスマスソングを歌い、担任がクリスマスのいわれを話して、クリスマス会を行う——これは教育基本法に定める宗教的中立性に反するのでしょうか。

　結論からいえば、この程度なら問題ないといえます。なぜなら、わが国で一般に行われているクリスマス会は、宗教的色彩も薄く、七五三や七夕などと同じように、一種の社会的習俗となっているからです。

　クリスマス会で教師がキリスト教の布教活動と目されるような話をした場合は別ですが、単にクリスマスのいわれを説明する程度なら、教育基本法に定める宗教的中立性に抵触することはありません。とはいえ、憲法や教育基本法は、国公立学校における教育の宗教的中立性について定めているので、教師としては宗教の扱いには注意する必要があります。

○宗教的中立性に関する規定

　法律は教育と宗教についてどう定めているかを見てみましょう。堅苦しい条文の羅列となりますが、重要な条文なので、しばらくお付き合い

ください。

　教育と宗教に関する現行法の規定は、こうなっています。

　まず、憲法 20 条は 1 項で「信教の自由は、何人に対してもこれを保障する」と規定し、2 項で「何人も、宗教上の行為、祝典、儀式又は行事に参加することを強制されない」、3 項で「国及びその機関は、宗教教育その他いかなる宗教的活動もしてはならない」と定めています。

　これを受けて、教育基本法 15 条は、1 項で「宗教に関する寛容の態度、宗教に関する一般的な教養及び宗教の社会生活における地位は、教育上尊重されなければならない」と定め、2 項で「国及び地方公共団体が設置する学校は、特定の宗教のための宗教教育その他宗教的活動をしてはならない」と規定しています（私立学校では特定の宗教教育や宗教的活動を行うのは自由です）。

　このように国公立学校においては教育と宗教の分離の原則を定めていますが、学校では宗教に関する教育を一切行ってはならないというわけではありません。

　教育基本法制定時の文部大臣田中耕太郎博士は、教育基本法旧 9 条（現 15 条）の規定について、「（本条は）教育上宗教を尊重すべきことを定めているが、被教育者がもし宗教の何たるかを知らないとするならば、宗教に関する寛容の態度や宗教の社会生活における地位も理解し得ないことになる」（『教育基本法の理論』有斐閣、1961）と述べ、教育基本法の宗教的中立性の規定は、宗教の教育的価値の尊重を前提とするものであることを説いています。

　禁止されるのは宗派的活動であって、宗教に関する寛容の態度や一般的な教養は必要とされているのです。

Q52

児童生徒を連れて神社や寺院を訪問することは、教育基本法の宗教的中立性に反しますか。また、授業で宗教的な教材を扱うのは認められますか。

A ○神社・寺院などへの訪問

憲法や教育基本法の条文は抽象的です。これだけでは、国公立学校における宗教教育が、具体的にどこまで許され、どこから禁止されるのかは分からないと思います。

この点については、古い通知ですが、文部省（当時）通達「社会科その他、初等および中等教育における宗教の取扱について」（昭和24年10月25日）が具体的に示しているので、その通達に基づいて説明しましょう。

まず、通達は、神社、寺院、教会などについて訪問してはならないとしていますが、研究や文化上の目的をもって学校が主催する場合、次の条件の下では許されるとしています。

⑴　児童生徒に強要してはならないこと。

⑵　修学旅行として、神社、寺院、教会その他の宗教的施設を訪問する児童生徒は、その宗教的施設の儀式に参加してはならないこと。

⑶　学校が主催して神社、寺院、教会などを訪問したときは、教師が命令して、敬礼その他の儀式を行わせてはならないこと。

なお、通達では、「学校が主催して、靖国神社、護国神社（以前に護国神社あるいは招魂社であったものを含む）および主として戦没者を祭った神社を訪問してはならない」という項目があります。これはGHQ（連合国軍総司令部）の神道指令（昭和20年）に基づくもので、昭和27年の平和条約の発効により、同指令は効力を失っているので、靖国神社など

への訪問禁止の項目は失効しています。

○宗教教材の取扱い

　次に、学校における宗教教材の取扱いについて、おおむね次のように示しています。

⑴　指導上必要な場合には、宗教の教祖、慣行、制度、宗教団体の物的施設、宗教史上の事件などに関する事実を含む教材を選定してもよいこと。

⑵　社会科の授業では、宗教が社会生活の中で果たす役割などを重視する必要があること。

⑶　文学や語学の教科書に文学的・語学的価値があると認めて選択した場合、宗教的教材が含まれてもよいこと。

⑷　音楽、美術、建築の指導においては、教材として宗教的感化を受けた作品を利用してもよいこと。

　問題となったケースを、1つ紹介しておきます。

　京都府の中学校の教師が、社会科の授業で、島原の乱などキリシタン弾圧について説明する際、キリスト像の写真を段ボールに貼って床に置き、その像を踏ませて、①弾圧に屈して信仰を捨てる、②絵は踏むが信仰は曲げない、③迫害を恐れず踏み絵をしない、の3つの選択肢から1つを生徒に選ばせる授業を行いました。

　この授業を受けたキリスト教徒の生徒から、「あんなことをさせられて心が痛んだ」と抗議が出て問題となりました。教師にしてみれば、江戸時代のキリシタン弾圧を体験的に学ばせようと、授業にひと工夫したつもりだったと思います。しかし、こうした授業は、教育的配慮を欠いた不適切な授業といわざるを得ません。授業で宗教に関する教材を取り上げるときは、慎重な配慮が必要です。

Q53

卒業式などにおける国歌斉唱の際、自己の思想・信条として、起立しないことは、法令に反するのでしょうか。

 ○国旗国歌をめぐる紛争

かつて、思想・良心の自由を根拠に、国旗掲揚や国歌斉唱に反対行動をとる教員がいて、一部の学校で混乱が生じました。そこで、文部科学省は、平成元年の学習指導要領改訂で「入学式や卒業式においては、その意義を踏まえ、国旗を掲揚するとともに、国歌を斉唱するよう指導するものとする」と定めました。

これを受けて、教育委員会は、各学校の卒業式などでは指導要領に基づいて、国旗掲揚と国歌斉唱を行うことを求めたところ、一部の教員は、校長の職務命令に反して、国歌斉唱時のピアノ伴奏を拒否したり、起立しなかったりしたため、教育委員会は懲戒処分（戒告）を行いました。それを不服とする裁判が相次ぎましたが、平成23年と平成24年に最高裁判決が出て、この問題に終止符が打たれました。以下に代表的な最高裁判決を紹介します。

○ピアノ伴奏拒否事件判決

東京都日野市の小学校で、平成11年に音楽科担当教員が国歌斉唱時のピアノ伴奏命令を拒否して、戒告処分を受けました。教員は、ピアノの伴奏を拒否したのは、思想・良心の自由に基づくものであり、処分は憲法に反するとして裁判を起こしました。

最高裁判決（平成19年2月27日）は、①伴奏命令は、教員の歴史観・世界観や信念を否定するものと認めることはできない、②伴奏命令は、特定の思想を強制したり、これに反する思想を禁止したり、特定の思想

の有無の告白を強要するものではないから、思想・良心の自由の侵害に当たらない、③公務員である教員は、法令や職務上の命令に従わなければならない立場にあり、音楽専科教員にピアノ伴奏を命ずることに不合理はない——ことを挙げて、懲戒処分には違法はないとして、教員の訴えを退けました。

○国歌斉唱不起立事件判決

　東京都教委は、平成15年に教育長通達で、卒業式などにおける国旗掲揚と国歌斉唱の実施を指示し、この通達に基づいて、各校長が教員に対し、起立斉唱を命じました。しかし、一部の教員が命令を拒否したため、都教委は、服務義務違反で懲戒処分（戒告）を行い、また、懲戒処分を受けた教員について定年後の再雇用を認めませんでした。

　校長の起立命令に従わず戒告処分を受け、定年後の再雇用選考で不合格となった元教員が、起立命令は、思想・良心の自由を保障した憲法19条に反するとして、都に損害賠償請求訴訟を提起しました。

　最高裁判決（平成23年5月30日）は、校長の職務命令は憲法19条に違反しないとして、元教員の訴えを退けました。

　この判決は、前述の最高裁ピアノ判決を踏襲して同旨の判断を示していますが、さらに、思想・良心の自由の制約について仔細な吟味を加えています。判決は、結論として、起立斉唱命令は、学校教育の目標や卒業式の意義などを定めた法令の趣旨に沿っており、公務員の地位や職務の公共性も踏まえた上で、式典にふさわしい秩序の確保や円滑な進行を図るものであるから、思想・良心の自由の間接的制約を許容しうる必要性と合理性が認められると判示しました。国旗・国歌に敬意を表するのは国際的なマナーです。生徒に範を示すべき教師が不起立の行動をとることは許されません。

Q54

高校生が校外で政治的活動に参加する場合、届け出制とすること
ができますか。

 ○文部科学省の新旧通知

昭和40年代、学園紛争の激しかった時期、文部省（当時）は、通知「高
等学校における政治的教養と政治的活動について」（昭和44年10月31
日）を出して「教育的な観点からみて生徒の政治的活動は望ましくない」
という方針を示しました。その後、高校ではこの通知に基づいて指導が
行われてきました。

しかし、平成27年に公職選挙法が改正され、選挙権年齢が20歳から
18歳に引き下げられたことに伴い、文部科学省は、旧通知を廃止し、
新たに通知「高等学校等における政治的教養の教育と高等学校等の生徒
による政治的活動等について」（平成27年10月29日）を出しました。

新通知は、まず、18歳の高校生は選挙権を有することとなるので、
有権者として自らの判断で権利を行使することができるよう、具体的・
実践的な指導を行うことが重要としています。

次いで、学校においては、教育基本法に基づき政治的中立性の確保が
求められることなどを挙げて、高校生による政治的活動は、無制限に認
められるものではなく、必要かつ合理的な範囲内で制約を受けるとして、
次の3点を示しています。

⑴ 生徒が本来の目的を逸脱し、教育活動の場を利用して選挙運動や
政治的活動を行うことを禁止する必要があること。

⑵ 放課後や休日でも、学校の構内での選挙運動や政治的活動は、制
限又は禁止する必要があること。

⑶ 放課後や休日などに校外で行う選挙運動や政治的活動で、①違法

なもの、②暴力的なもの、③違法・暴力的なおそれが高いもの、④学業や生活などに支障があるものについては、必要かつ合理的な範囲内で制限又は禁止する必要があること。

○政治的活動制約の法的根拠

　上記(1)と(2)については、とくに異論はないと思いますが、(3)については2つの法的な問題があります。

　1つは、一般市民社会では、法律の根拠なしに政治的活動を制約することはできないが、高校生に制約を課す法的根拠は何かという問題です。この点について、富山大学事件最高裁判決（昭和52年3月15日）は「大学は、国公立であると私立であるとを問わず……その設置目的を達成するために必要な諸事項については、法令に格別の規定がない場合でも、学則等によりこれを規定し、実施することのできる自律的、包括的な権能を有し、一般市民社会とは異なる特殊な部分社会を形成している」と判示しています。部分社会論が高校にも該当することはいうまでもありません。

　もう1つは、生徒の政治的活動を制約することは、学校の設置目的の達成に必要な事項といえるか、という問題です。この点について、昭和女子大学事件最高裁判決（昭和49年7月19日）は、「学生の政治的活動を学の内外を問わず全く自由に放任するときは、あるいは学生が学業を疎かにし、あるいは学内における教育及び研究の環境を乱し……大学の設置目的の実現を妨げるおそれがあるから、大学当局がこれらの政治的活動に対してなんらかの規制を加えること自体は十分にその合理性を首肯しうる」と判示しています。

　高校生の校外における政治的活動を届け出制とすることについて、文部科学省は、各学校において適切に判断すべきこととしています。高校が高校生の校外の政治的活動を届け出制にすることは可能です。

Q55

私立学校を受験するため学校を欠席する児童の出欠の扱いはどうすべきでしょうか。

 ○指導要録上の「出席扱い」

　学校では、児童生徒が学校の教育計画に基づく授業を受けた場合を「出席」とし、受けなかった場合を「欠席」としています。しかし、指導要録上はこれと若干違った扱いをしています。というのは、授業を受けなかった場合、「欠席」の他に「出席扱い」と「公欠扱い」を認めているからです。

　まず、指導要録に関する文部科学省通知「小学校、中学校、高等学校及び特別支援学校等における児童生徒の学習評価及び指導要録の改善等について」（平成31年3月29日）は、学校の授業を受けなかった場合でも、学校外で一定の学習活動を行っている場合は、校長の判断で指導要録上「出席扱い」とすることを認めています。

　具体的には、①学校の教育活動の一環として運動や文化にかかわる行事などに参加した場合、②不登校児童生徒が公的な適応指導教室や民間の相談・指導施設において学習指導を受けている場合、③不登校児童生徒が自宅においてITを活用して学習活動を行っている場合、④病院や自宅等で療養中の病気療養児に対して同時双方向型授業配信を行った場合、⑤一時保護を受けている児童生徒が児童相談所において学習指導を受けている場合（平成27年から）が、これに該当します。

○指導要録上の「公欠」

　次に、指導要録通知は、校長が「出席しなくてもよい」と認めた場合は、指導要録上、欠席日数にカウントしない措置を定めています。これ

を「公欠」(「公認欠席」の略) と呼んでいます。公欠は、社会通念上妥当とされる事由により授業に出席できない場合、欠席として取り扱わない措置です。

指導要録通知は、「出席停止・忌引等の日数」について、「出席しなくてもよい日数」として、指導要録上「出席しなければならない日数」から除外することとしています。その範囲は、次のとおりです。

第1は、出席停止による欠席。学校教育法35条は、性行不良で他の児童生徒の教育に妨げがある者に対する出席停止の措置を定めています。

また、学校保健安全法19条は、感染症に罹患した児童生徒に対する出席停止の措置を定めています。これらの出席停止は、学校の命じた欠席ですから、公欠扱いとなります。

第2は、臨時休業による欠席。学校保健安全法20条は、感染症の予防上必要があるとき、学級閉鎖を行うことを定めています。学級閉鎖は、学校の方針で授業が行われないので公欠扱いとなります。

第3は、忌引による欠席。不幸があった場合、葬儀などによる欠席は公欠扱いとなります。忌引の範囲は、公務員の忌引に関する規定を参考にして、教育委員会又は学校の判断で決めています。

第4は、非常変災などによる欠席。地震、水害、火災などにより授業に出られない場合、校長の判断で公欠扱いができます。一時保護所で学習指導を受けていない児童生徒もこの扱いとなります。

第5は、その他とくに教育上必要な場合。指導要録通知は「その他教育上特に必要な場合で、校長が出席しなくてもよいと認めた日数」を公欠扱いとしています。就職試験や入学試験の受験などがこれに該当します。設問のケースは公欠の扱いとなります。

Q56

卒業生から在学中の指導要録について開示請求がありました。学校としてはどう対応すべきでしょうか。

 ○本人開示が原則

平成15年に個人情報保護法（「個人情報の保護に関する法律」）が制定され、あらゆる分野で情報開示が進んでいます。個人情報保護法は、私立学校に適用され、公立学校には地方公共団体の個人情報保護条例が適用になります。しかし、個人情報保護法条例も基本的には個人情報保護法と同じ定めをしているので、情報開示に関しては、公立学校と私立学校に違いはないと言っていいでしょう。ここでは個人情報保護法に基づいて説明します。

個人情報保護法28条は、本人から保有個人データの開示を求められたときは、遅滞なく開示しなければならない旨を定めています。ただし、開示することにより、①本人や第三者の生命、身体、財産その他の権利利益を害するおそれがある場合、②業務の適正な実施に著しい支障を及ぼすおそれがある場合、③他の法令に違反することとなる場合には開示しないことが許容されています。

では、指導要録について本人から開示請求があった場合は、どう考えるべきでしょうか。この点について、教育課程審議会答申（平成12年12月）は、「指導要録は、指導のための資料でもあることから、これを本人に開示するに当たっては、個々の記載内容、特に文章で記述する部分などについては、事案によっては、それを開示した場合、評価の公正や客観性の確保、本人に対する教育上の影響の面で問題が生ずることなども考えられる（中略）具体的な開示の取扱いについては、その様式や記載事項等を決定する権限を有する教育委員会等において、条例等に基

づき、それぞれの事案等に応じ判断することが適当である」と述べています。

○最高裁判決が示した基準

　指導要録の開示請求に対する裁判所の判断は、東京高裁と大阪高裁で判断が分かれ、一時、教育現場では戸惑いがありましたが、平成15年に最高裁判決が出て、指導要録の開示請求への対応に決着がつきました。

　最高裁判決（平成15年11月11日）は、指導要録の中身を吟味し、次のように非開示該当情報と開示該当情報に分けて判断しています。

(1)　非開示該当情報：「各教科の学習の記録」中の「所見」「特別活動の記録」「行動及び性格の記録」

　　　最高裁判決は、これらの欄の記述は、担任教師が、開示を予定せずに、自らの言葉で、児童の良い面、悪い面を問わず、ありのままを記載していたもので、これらを開示した場合、児童の誤解や不信感、無用の反発などを招くおそれがあり、教師がそれを懸念してありのままの記載を差し控えると、指導要録が形骸化、空洞化し、適切な指導を行うための基礎資料とならなくなり、継続的かつ適切な指導を困難にするから、非開示が適切であると判示しています。

(2)　開示該当情報：「各教科の学習の記録」中の「観点別学習状況」「評定」「標準検査の記録」

　　　最高裁判決は、これらの欄の記述は、児童の日常的学習の結果に基づいて学習の到達段階を示したもので、これには評価者の主観的要素が入る余地が比較的少ないものであり、これを開示しても、児童の誤解や不信感、無用の反発などを招いたり、指導要録が形骸化、空洞化するおそれが生ずるとはいい難いから開示すべきであると判示しています。

Q57

通知表の作成にミスがあった場合、学級担任は法的にどのような
責任を負うことになりますか。

A ○通知表には法令の規定がない

　通知表は、明治24年に文部省（当時）が「小学校教則大綱ノ件説明」
の中で「学校ト家庭ト気脈ヲ通スルノ方法ヲ設ケ相提携シテ児童教育ノ
功ヲ奏センコトヲ望ム」と示したのが始まりといわれています。以来、
ほとんどすべての学校で、児童生徒の学習状況などを連絡し、家庭の理
解や協力を求める方法として、通知表が作成されるようになりました。

　ところが、明治から今日に至るまで、通知表については法令上の規定
はありません。この点、通知表と密接な関係にある指導要録については、
学校教育法施行規則24条で校長に作成義務が課され、同規則28条で学
校で備えるべき公簿として位置付けられています。

　法令に定めがないことから、通知表を作成するかどうか、通知表をど
のような様式で作成し、どのような内容を記入するかなどは、校長の裁
量に委ねられています。ただし、教育委員会が様式を定めている場合は、
それに従うこととなります。

　このように、通知表の作成が校長に委ねられているため、その名称も
多様です。国立教育政策研究所の調査によると、「あゆみ」という名称
が44%で最も多く、次いで「通知表」が10%、「通信票」「通知票」「の
びゆくすがた」がそれぞれ4%などとなっています。

　また、通知表の記載内容も一律でなく、学校により様々な工夫がされ
ています。例えば、通知表で一番肝心な評価方法も学校の判断に任され
ているため、指導要録上は相対評価で記載することとなっていた時代も、
通知表の評定は、絶対評価で記載する学校が少なくありませんでした。

○通知表は公文書

　しかし、法令上に規定がないからといって、通知表を保護者への単なる連絡に過ぎないと軽く考えたら間違いです。通知表は、学校が作成する重要な公文書だからです。

　公文書について、刑法155条１項は、「公務所若しくは公務員の印章若しくは署名を使用して公務所若しくは公務員の作成すべき文書」と定義しています。通知表には、学級担当の印とともに、校長の印を押すのが通例ですから、通知表はまさに刑法でいう公文書に該当するわけです。

　したがって、教師は、通知表の作成が重要な公務遂行であることを十分認識すべきです。東京都の小学校教員が通知表の作成に際し、前学期の内容を丸写しして、停職処分を受けた事件がありましたが、これは公文書偽造に問われる可能性すらある不祥事といわねばなりません。

　このような不祥事は論外としても、通知表の記入ミスはスクール・コンプライアンスに反します。通知表の記入ミスは、子どもや親の信頼を損ない、教職の信用を傷つけることになります。それは地方公務員法で禁止する信用失墜行為（33条）に該当するおそれがあるといえましょう。

　ミスの程度によっては、教育委員会による厳重注意や戒告処分もあり得ます。また、校長の監督が不十分と認められる場合は、校長の監督責任も問われます。通知表は、子どもと親にとって重要な評価文書です。その信頼を裏切るようなことはあってはなりません。

Q58

通知表の記載ミスを防ぐために、事前に保護者に見せてチェックをしてもらっても差し支えないでしょうか。

 ○通知表の性格

通知表は、児童生徒の学習指導の成果、学校生活の状況、健康状況などを保護者に連絡し、保護者が児童生徒の学校生活の状況を知るための連絡簿です。学校教育においては、学校と家庭とを結ぶ上で欠くことのできない重要なツールとなっています。

通知表は、明治時代から学期ごとに作成され、児童を通じて保護者に渡されていますが、これは学校慣行として行われているもので、すでに述べたように、通知表に関する法令の規定はありません。したがって、教育委員会が特別に定めない限り、通知表を出すかどうか、どのような様式とするか、どのような方法で作成するかなどは校長の判断に委ねられています。

通知表の機能については、次の諸点が指摘されています（細谷俊夫ほか『教育学大事典』第一法規、1978）。

(1)　一定期間における児童生徒の学習状況、進歩の状況、優れている点、劣っている点など、学校の様子を知らせ、保護者に対して、教育への関心と協力を求める。

(2)　通知表の形式や内容を現在の教育の考え方や学校の教育方針に沿うように作成することによって、新しい教育の考え方や学校の重点目標などを保護者に理解してもらう機会にする。

(3)　児童生徒に対して、学習の状況や進歩の状況を自己点検する機会を与えて、安心感を持たせたり今後の発奮を動機付けたりする。

(4)　教師にとっては、学期に一回、児童生徒の一人ひとりを丁寧に見

直す機会となる。

(5)　保護者からの学校教育に対する要望や家庭での状況、家庭教育の
　　考え方などを学校に知らせる機会になる。

○保護者による事前チェック

　通知表には法令の規定がありませんから、通知表の作成や保護者への
通知の仕方などは校長の判断に委ねられています。したがって、校長の
方針で事前に保護者に見せる方法で記載ミスを防止する方法をとること
は可能です。

　平成24年に横浜市教育委員会が通知表の記載ミスを防ぐため、配布
前にコピーを児童生徒や保護者に渡し、成績や出席日数などをチェック
してもらうように各校に指示し、問題となりました。

　横浜市では、前年に119校1,371人について通知表の記載ミスが発覚
したことがメディアで報道されたことから、誤記載の防止策として「組
織的な点検」「担任の最終確認」などに加え、「児童生徒・保護者の事前
確認」の方針をとったわけです。

　ところが、この方針が実施されると、「学校の責任放棄ではないか」
という批判が相次ぎ、教育委員会は、すぐに学校に対する指示を撤回し
ました。市会の常任委員会で、市会議員から「学校の責任放棄ではない
か」などの批判を受け、教育委員長は「保護者の事前チェックは、誤記
載防止を目指すあまり、本末転倒だった」と謝罪し、「保護者による事
前チェックは、教師の責任放棄と思われかねず、公教育全体の信頼を損
ね、現場の教師が使命感や誇りを失うことにもなる」と答弁しています。

　通知表は、学校が責任をもって作成すべきものです。保護者に安易に
通知表の事前点検を求めるようなことは、好ましいことではないという
べきでしょう。

Q59

大学の推薦入学用の調査書を作成する際、推薦基準に達しない生徒について、評定を若干かさ上げすることは許されるでしょうか。

 ## ○調査書操作で逮捕

調査書について、次のようなニュースが報道されたことがありました（平成 20 年 8 月 23 日付「毎日新聞」）。

静岡県の県立高校で、校長が大学の推薦入学を希望する生徒の調査書を有利な内容に改ざんするよう教諭に指示し、教諭は生徒の評定〈3.1〉を推薦出願基準を満たす〈3.5〉にかさ上げして大学に提出しました。この不正が内部告発で発覚し、静岡県警は、同校長を虚偽有印公文書作成及び同行使の疑いで逮捕した、という事件です。

類似の事件は他でも報道されています。例えば、平成 17 年に埼玉県立高校の教諭が、平成 15 年に高知県立高校の校長が、いずれも調査書の改ざんで逮捕されています。

新聞報道によると、逮捕の理由は、いずれも虚偽有印公文書作成・同行使となっています。

文書偽造を刑法で罰するのは、文書の社会的信用性を保護するためです。とくに公文書は、社会的信頼性が高いので、それが真実に反することは社会的法益を害します。このため公文書の偽造や行使については量刑も重くなっています。

○虚偽公文書作成罪とは

刑法は、公文書の偽造について、公文書を作成する権限のない者が偽造する場合（公文書偽造罪）と権限のある者が虚偽の文書を作成する場合（虚偽公文書作成罪）に分けて規定しています。

　公立学校の校長や教諭による調査書の改ざんは、権限を有する公務員による虚偽文書の作成に当たりますから、公文書偽造罪ではなく、虚偽公文書作成罪が適用になります。

　虚偽公文書作成罪について、刑法156条は、「公務員が、その職務に関し、行使の目的で、虚偽の文書若しくは図画を作成し、又は文書若しくは図画を変造したときは、印章又は署名の有無により区別して、前2条の例による」と定めています。

　ここで「前2条」とは、印章・署名のあるものについては1年以上10年以下の懲役、印章・署名のないものについては3年以下の懲役又は20万円以下の罰金と定めている規定のことです。

　まず、虚偽公文書作成罪の主体となるのは、文書の作成権限のある公務員です。法令や委任などによって公文書の作成を任されている者も虚偽公文書作成罪の主体となり得ます。つまり、調査書の作成権限は校長にあるけれど、調査書の改ざんを実際に行った学級担任や学年主任も責任が問われるわけです。

　次に、虚偽公文書の作成とは、真実に合致しない内容の公文書を作成することです。推薦入学で大学に提出する調査書について指導要録に記載されている評定と異なる点数を記入することは、生徒の利益のためという善意に基づくものであっても、虚偽公文書の作成となります。

　虚偽文書は、作成した者だけでなく、行使した者も罰せられます（刑法158条）。その量刑は、虚偽公文書作成と同じです。

　なお、私立学校における調査書の改ざんは、私文書偽造罪（刑法159条）となります。私文書偽造は公文書偽造より、少し刑罰が軽くなっています。

Q60

授業中に事故が起きた場合、教師はどのような責任が問われますか。

A ○民事上の責任

授業中に学校事故が起きた場合、3つの法的責任が問われます。民事上の責任、刑事上の責任、行政上の責任です。これらの責任は、それぞれねらいを異にしているので、1つの事故に対して、同時に3つの責任が追及されることになります。

まず、問われるのは民事上の責任です。これは事故によって生じた損害について被害児童生徒やその保護者に対し賠償する責任です。通常、治療費や慰謝料などが損害賠償の対象となります。

この場合、公立学校の事故に適用されるのは国家賠償法（以下「国賠法」）です（私立学校の場合は民法が適用）。国賠法1条は、「国又は公共団体の公権力の行使に当る公務員が、その職務を行うについて、故意又は過失によって違法に他人に損害を加えたときは、国又は公共団体が、これを賠償する責に任ずる」と規定しています。賠償責任が問われるのは、「公権力の行使に当る公務員」の不法行為ですが、教師の指導も「公権力の行使」となります。

法律は、賠償の要件として、「故意又は過失」を挙げています。学校の教師が「故意」で児童生徒を害することは一般にはあり得ませんから、問題となるのは「過失」の有無です。

○問われる安全配慮義務

「過失」とは、教師が児童生徒の安全を守るための注意義務を尽くさなかったことです。学校には児童生徒に対する安全配慮義務があります。

安全配慮義務を十分に尽くしてもなお事故が起きたときは、不可抗力なので事故の責任は問われません。しかし、安全配慮義務を欠いて、事故が起きたときは、過失責任が問われます。

　平成20年に改正された学校保健安全法26条は、学校安全に関する設置者の責務を定めていますが、この規定がなかったときも、学校に安全配慮義務があることは、通説・判例ともに認めています。例えば、浦和地裁判決（昭和60年4月22日）は「学校の校長ないし教諭は、学校教育の場において児童の生命、身体等の安全について万全を期すべき条理上の義務を負う」と判示しています。

○賠償は設置者が負担

　こんな事故がありました。高校サッカー部の対外試合を行っていたとき、気象状況が変化し、遠くの空で雷が鳴り始めましたが、引率教員は、まだ大丈夫とそのまま生徒を試合に参加させていたところ、突然の落雷があり、生徒の一人が両目失明と下半身不随となる被害を受けました。

　この事故について、最高裁判決（平成18年3月13日）は、「引率者兼監督の教諭に落雷事故発生の危険が迫っていることを予見すべき注意義務違反がある」として、学校の設置者に損害賠償を命じました。これは厳しい判決です。遠くで雷鳴が聞こえる程度の気象状況で落雷による事故が起こることは、通常は予想できません。なのに、裁判所は引率教師の責任と判示しています。

　しかし、学校事故について学校側の過失が認定され、損害賠償を命じられても、それを負担するのは、国賠法で規定するように、校長や担当教諭でなく、学校の設置者ですから、あまり神経質になる必要はありません。

Q61

学校事故についてどのような刑事責任が問われますか。また、行政上の責任とは何ですか。

 ○業務上過失致死傷罪とは

刑事上の責任は、刑法に基づき個々の教師の法的責任を追及することです。刑事上の責任追及は、必ず裁判手続によって行われます。

通常、学校事故に適用される刑罰としては、「業務上過失致死傷罪」（刑法211条）です。体罰による事故には、「傷害罪」（刑法204条）や「暴行罪」（刑法208条）なども適用されます。

業務上過失致死傷罪とは、刑法211条の「業務上必要な注意を怠り、よって人を死傷させた者は、5年以下の懲役若しくは禁錮又は100万円以下の罰金に処する」とする規定の適用による処罰です。教師が教育指導において「業務上必要な注意」を欠いたがゆえに、児童生徒の死傷事故が起きた場合、業務上過失致死傷罪が問われることになります。

「業務上必要な注意」とは、事故が発生するかもしれないという危険性を予知し、それを回避するよう措置すべき注意義務をいいます。例えば、児童生徒を水泳や登山に連れていく場合、行き先の海や山に危険な箇所がないか、気象状況はどうかなどをあらかじめ調査して、危険の発生を予見するよう努め、もし危険の発生のおそれがあれば、ただちにそれを回避する措置をとることです。

このような説明を聞くと、学校の教育活動のすべてについて、あらかじめ危険の発生を予知し、その回避の措置を考えておかなければ刑事上の責任が問われるというのでは、少しでも危険のあることはやめておこう、ということになりかねません。それでは、教育活動が萎縮してしまいます。

　しかし、神経質になることはありません。学校事故で教師の刑事上の責任が問われるのはごく稀だからです。刑事上の責任追及があるのは、酷い体罰を加えるなど、教師の側に非難すべき問題がある場合に限られます。普通の教師が普通に授業をしている限り、まず刑事上の責任が問われることはありません。

○公務員法による懲戒処分

　最後に、行政上の責任について説明します。行政上の責任とは、公務員法上の責任追及です。学校事故の発生が教師の職務上の義務違反に原因があると認められる場合、公務員法上の責任が問われることになります。

　地方公務員法29条は、「職員が次の各号の一に該当する場合においては、これに対し懲戒処分として戒告、減給、停職又は免職の処分をすることができる」と規定し、各号の1つとして、「職務上の義務に違反し、又は職務を怠った場合」を挙げています。

　学校事故が起きた場合、担当教師の行為について、職務上の義務違反や職務の懈怠がなかったかが問題となります。

　例えば、林間学校や臨海学校に生徒を引率していた教師が、生徒の安全を見守るべき場面で、私用で持ち場を離れていて、生徒に事故が起きたような場合は、教師の職務遂行上の義務違反や職務懈怠が問題となります。状況によっては、地方公務員法上の服務義務違反として懲戒処分の対象となります。

　ここで注意を要するのは、行政上の責任追及は、単に事故を起こした教師のみでなく、校長にも及ぶことです。すなわち、校長の教師に対する監督が不十分であった場合は、監督不行き届きということで、校長の監督責任も問われます。

Q62

学校で児童生徒が負傷、疾病、死亡した場合、日本スポーツ振興センターの災害共済給付が行われますが、その内容や手続について教えてください。

 ○速やかな事故の救済

災害共済給付制度は、学校の管理下における児童生徒の負傷、病気、死亡について医療費や見舞金を給付する制度です。独立行政法人日本スポーツ振興センターが、国と学校設置者と保護者の三者が負担する共済掛金を原資として運営しています。

この制度は、学校内で起きる事故について教員の過失や児童生徒の不注意を問うことなく、速やかに事故の救済を図り、当事者の紛争を未然に防止する観点から創設された互助共済制度で、学校教育の円滑な運営に大きな役割を果たしています。

制度の概要は、次のとおりです。

まず、独立行政法人日本スポーツ振興センター法（以下「センター法」）15条は、学校の管理下における災害（負傷、疾病、障害、死亡）について、災害共済給付（医療費、障害見舞金、死亡見舞金）を行うと定めています。

○「学校の管理下」の災害

センター法施行令5条1項は、災害共済給付の対象を、次のように規定しています。

(1) 学校の管理下において生じた事由による負傷、疾病（療養費が5,000円以上のもの）が対象となります（疾病については、省令などで、学校給食による中毒、理科実験のガスによる中毒、熱中症、溺水、異物の嚥下、漆による皮膚炎、外部衝撃による疾病、負傷による疾病、いじ

めや体罰に起因する心因反応などが対象となるとしています）。

(2)　学校の管理下の負傷や疾病が治った後に残った障害（省令で、障害の程度により、1級から14級に区分されます）。

(3)　学校の管理下において生じた事由による死亡（規程などで、いじめや体罰で学校外で自殺した場合も対象としています）。

ここでいう「学校の管理下」の範囲について、センター法施行令5条2項は、次のように定めています。

(1)　学校が編成した教育課程に基づく授業を受けている場合

(2)　学校の教育計画に基づいて行われる課外指導を受けている場合

(3)　休憩時間中や校長の指示・承認に基づいて学校にいる場合

(4)　通常の経路・方法により通学する場合

(5)　その他省令で定める場合（寄宿舎の事故など）

学校の管理下の事故の態様は、極めて多様なため、学校の管理下の事故に該当するかどうかの判定は、必ずしも容易でありません。そこでセンターは「災害共済給付の基準に関する規程」などで詳しい認定基準を定めています。

○給付金請求の手続

給付金の請求や支払の手続は、各学校から学校設置者を通じて行われ、児童生徒などの保護者へ給付金が支払われます。医療費の請求は、治療を受けた医療機関で証明を受けた「医療等の状況」を学校へ提出し、学校では「災害報告書」を作成して、設置者（教育委員会など）を経由してセンターへ請求することになります（書類の様式などはセンターのホームページからダウンロードできます）。

第Ⅲ章

生徒指導のコンプライアンス

Q63

教師が児童生徒に懲戒を加えることができる法的根拠は何ですか。

 ○懲戒の法的根拠

ほめることに法律は無用です。しかし、叱ることには法律がかかわってきます。子どもを叱ることを法律用語では「懲戒」といいます。懲戒は、他人に不快や苦痛を与える行為ですから、勝手にはできません。懲戒を行うには、法的根拠が必要となります。

この点について、学校教育法11条は「校長及び教員は、教育上必要があると認めるときは、文部科学大臣の定めるところにより、児童、生徒及び学生に懲戒を加えることができる。ただし、体罰を加えることはできない」と定めています。この規定が教師の懲戒権の根拠規定です。

学校教育法は「文部科学大臣の定めるところにより」懲戒を加えることができると規定しています。では、文部科学大臣は何をどう定めているのでしょうか。

学校教育法11条の規定を受けて、学校教育法施行規則26条は、次の4点を定めています。

(1)　懲戒を加えるに当たっては、児童等の心身の発達に応ずる等、教育上必要な配慮をしなければならないこと（同条1項）。

(2)　懲戒のうち、退学、停学、訓告の処分は、校長が行うこと（同条2項）。

(3)　退学は、公立の小学校、中学校、義務教育学校、特別支援学校に在学する学齢児童生徒以外で、次の各号のいずれかに該当する場合に行うことができること（同条3項）。

　① 性行不良で改善の見込がない者

　② 学力劣等で成業の見込がない者

③　正当の理由がなくて出席常でない者

④　学校の秩序を乱し生徒の本分に反した者

⑷　停学は、学齢児童生徒に対しては行うことができないこと（同条4項）。

○事実行為としての懲戒

　法的観点からみると、懲戒は2つに分けられます。1つは、事実行為としての懲戒。もう1つは、法的効果を伴う懲戒です。

　事実行為としての懲戒とは、児童生徒を叱る行為で、教師が日常の教育活動の一環として行っている懲戒です。具体的には、口頭で注意する、宿題を多く課す、掃除当番を増やす、立たせる、正座させる、校庭を走らせるなど様々な方法があります。

　教師には懲戒権が付与されているからといって、勝手気ままに懲戒権を行使していいわけではありません。学校教育法施行規則26条1項は、懲戒を加えるに当たっては「児童等の心身の発達に応ずる等教育上必要な配慮をしなければならない」と規定しているので、教師の行う懲戒は、教育的な配慮の下に行われる必要があります。教育的配慮を欠く懲戒は、不当な懲戒権の行使として責任が問われます。

　とくに事実行為としての懲戒が行き過ぎて、「殴る」「蹴る」など、有形力の行使に及ぶ場合は、体罰となり違法となります。また、有形力の行使には至らないまでも、長時間にわたる端座、直立など肉体的苦痛を与える懲戒も体罰となります。児童生徒を寒風の中に長時間立たせたり、炎天下に校庭を何周もさせたりするようなことは、人権問題として違法となるおそれがあります。

Q64

退学処分や停学処分は、どのような場合に行うことができますか。

 ○法的効果を伴う懲戒

　法的効果を伴う懲戒は、児童生徒の在学関係や身分に法的な影響を与える懲戒です。具体的には、学校教育法施行規則26条の「退学」「停学」「訓告」がそれに当たります。

　これらの懲戒は、懲戒処分と呼ばれています。「処分」というと、日常用語では「余分なものを始末する」といった意味に用いられることもあって、学校ではこの言葉を避ける傾向があります。しかし、法律用語としての「処分」には、「始末する」といった意味合いはありません。

　まず、「退学」は、公立の小学校、中学校、義務教育学校、特別支援学校の学齢児童生徒に対しては行うことができません。退学が可能なのは、国立・私立の小学校、中学校、義務教育学校、特別支援学校に限られます。高等学校、中等教育学校は国立・公立・私立を問わず可能です。

　退学処分を行うには、その要件として、①性行不良で改善の見込がない者、②学力劣等で成業の見込がない者、③正当の理由がなくて出席常でない者、④学校の秩序を乱し生徒の本分に反した者に該当する場合でなければなりません。

　次に、「停学」は、国立・公立・私立を問わず、義務教育段階では行うことができません。これは就学義務の履行を保障するためです。停学が可能なのは、高等学校、中等教育学校後期課程、特別支援学校高等部に限られます。

○懲戒の公平性と透明性

　注意を要するのは、退学・停学・訓告の懲戒処分は、校長にのみその

権限が付与されていることです。退学は、児童生徒の在学関係を消滅させる行為であり、停学はそれを一時的に停止させる行為です。いずれも児童生徒としての法的地位の変動にかかわる重大な措置です。こうした重大な措置は、個々の教師の判断で行うべきものではなく、学校全体で検討して、最終的に校長の責任で行うものと定められているわけです。

　生徒の懲戒処分については、処分の公平性と透明性が確保されるなど、その内容や運用が社会通念からみて妥当なものでなければなりません。

　文部科学省の調査（平成22年）によると、公立高校で、生徒の懲戒基準を定めていない学校の割合が11.6%、基準を生徒や保護者などに対して周知していない学校が34.9%に上るなど、公平性や透明性の取り組みにおいて、不十分な状況が明らかになっています。

　このため、文部科学省は、通知「高等学校における生徒への懲戒の適切な運用の徹底について」（平成22年2月1日）を出して、次の諸点について改善を促しています。

⑴　指導の透明性・公平性を確保し、学校全体としての一貫した指導を進める観点から、懲戒に関する内容や運用に関する基準について、あらかじめ明確化し、生徒や保護者等に周知すること。

⑵　懲戒に関する基準等の適用や指導について、絶えず点検・評価を行い、より効果的な運用の観点から、必要な場合には、その見直しについても適宜検討すること。

⑶　懲戒に関する基準等に基づく懲戒・指導等の実施に当たっては、その必要性を判断の上、十分な事実関係の調査、保護者を含めた必要な連絡や指導など、適正な手続を経ること。

Q65

正式の懲戒処分としないで、自主退学や自宅謹慎の措置を行うことは認められますか。

 ○問題のある自主退学

　高校では、問題行動を起こした生徒に対し、退学処分にすると、経歴に傷がつくからという理由で、まず自主退学を勧告し、それに応じない場合、退学処分にするという手法がとられるケースがままあります。

　これは一見、生徒の立場に配慮したようにみえますが、問題なしとしません。なぜなら、自主退学は、形を変えた退学処分に他ならないのに、自主退学という形をとることによって、処分の違法性について訴える途を封じるおそれがあるからです。

　懲戒処分としての退学は、学校教育法施行規則26条で厳しい要件が定められています。つまり、退学処分は生徒の在学権を剥奪する重い措置であるがゆえに、処分権の行使について、法令でその事由を限定しているわけです。

　にもかかわらず、退学処分という正式の手続をとらないで、事実上それと同じ結果となることを、自主退学という名のもとに行うことは、脱法的行為との批判を免れません。

　もっとも自主退学についても裁判所は司法審査の対象としています。例えば、私立高校生が校則に反してバイクに乗り事故を起こして、学校の勧告に応じて、いったん自主退学したものの、思い直して、自主退学は違法と訴えた事案について、千葉地裁判決（昭和62年10月30日）は、「自主退学勧告は懲戒処分というべきであるから、司法審査の対象となる」と判示し、救済の道を認めています。

○教育的措置としての謹慎

　昭和58年に東京都町田市の中学校で教師が生徒をナイフで刺すという事件が起きて社会問題となったことがありました。この中学校は校内暴力で荒れており、生徒が鉄製の泥落としマットを振りかざして教師に襲いかかったため、恐怖を感じた教師が思わず持っていたナイフで刺したという事件です。調べてみたら、教師を襲った生徒は、かつて担任教師から「お前は学校に来るな。自宅で謹慎してろ」と言われて、長らく登校しなかった事実が明らかとなり、問題となりました。

　義務教育では国・公・私立を問わず、停学処分はできません。自宅謹慎と称しても、義務教育の一時的停止は認められません。できるのは、学校教育法35条に定める出席停止のみです。出席停止を命ずる権限は、教育委員会であり（教育委員会が校長に委ねるときは校長）、命令の対象は児童生徒ではなく保護者です。正式の出席停止の手続を経ることなく、個々の教師が児童生徒に対して、「お前は学校に来るな」などと言うことはあってはなりません。

　このとき、文部科学省が調査をしたら、学齢児童生徒に対し法令に基づかない自宅学習や自宅謹慎などの措置をとっている学校がかなりあることが分かり、文部科学省は通知「公立の小学校及び中学校における出席停止等の措置について」（昭和58年12月5日）を出して、出席停止の運用指針を示しました（平成13年に新通知を発出。*Q84*参照）。

　この点、高校は義務教育でありませんから、生徒を停学にすることが可能です。この場合、正式の停学の手続をとらないで、教育的措置として、自宅謹慎（家庭謹慎）を行うケースが少なくありません。判例には「自宅謹慎の措置は、教育措置であって、停学処分に該当しない」（昭和56年1月16日広島地裁判決）とするものもありますが、安易に自宅謹慎を行うことは、問題なしとしません。

Q66

教育上必要と考える場合でも、児童生徒をちょっとでも殴ったり、叩いたりしたら、すべて体罰となるのでしょうか。

 ○肉体的苦痛を与える行為

体罰は法律で禁止されています。そのことを知らない教師は一人もいないと思いますが、体罰はなくなりません。教師としては、体罰が児童生徒や保護者との信頼関係を損なう重大なコンプライアンス違反であることをあらためて認識する必要があります。

まず、法律の規定から見てみましょう。学校教育法11条は、「校長及び教員は、教育上必要があると認めるときは、文部科学大臣の定めるところにより、児童、生徒及び学生に懲戒を加えることができる。ただし、体罰を加えることはできない」と定めています。

問題は、ここでいう「体罰」とは、いかなる行為を意味するかです。体罰の解釈について、学校教育法の制定直後に出された「児童懲戒権の限界について」（昭和23年12月22日法務庁法務調査意見長官回答）という行政実例があります。

この行政実例は、体罰について2つのことを示しています。1つは、身体に対する侵害を内容とする懲戒（殴る・蹴るの類）、もう1つは、被罰者に肉体的苦痛を与えるような懲戒（長時間にわたる端座、直立など）です。留意を要するのは、体罰には「殴る・蹴る」という有形力の行使の他に、有形力の行使は伴わない「肉体的苦痛を与える懲戒」も含まれることです。

ただし、個々の行為が体罰に当たるどうかは、懲戒を受けた児童生徒の年齢、健康、心身の発達状況、懲戒が行われた場所的・時間的環境、懲戒の態様などの諸条件を総合的に考慮し、ケース・バイ・ケースで判

断する必要があります。その場合、単に児童生徒や保護者の主観的な言動により判断されるべきでなく、客観的に考慮して判断されるべきです。重要なのは、児童生徒一人ひとりの状況に配慮を尽くした懲戒かどうかです。

○文部科学省のガイドライン

　平成 19 年に、文部科学省から体罰に関する通知「問題行動を起こす児童生徒に対する指導について」(平成 19 年 2 月 5 日) が発出されました。

　この通知には、「学校教育法第 11 条に規定する児童生徒の懲戒・体罰に関する考え方」と題するガイドラインが添付されています。

　このガイドラインで注目されるのは、「児童生徒に対する有形力の行使により行われた懲戒は、その一切が体罰として許されないというものではない」として、東京高裁判決と浦和地裁判決を参考判決として掲げていることです。

　まず、東京高裁判決（昭和 56 年 4 月 1 日）は、教師が生徒の頭をこぶしで軽く数回叩いた行為について「有形力の行使と見られる外形をもった行為は学校教育法上の懲戒行為としては一切許容されないとすることは、本来学校教育法の予想するところではない」と判示した判例です。

　次に、浦和地裁判決（昭和 60 年 2 月 22 日）は、出席簿で生徒の頭を軽く叩いた行為について「状況に応じ一定の限度内で懲戒のための有形力の行使が許容される」と判示した判例です。

　しかし、これらの判決はレア・ケースです。この判例を安易に一般化することはできません。教師の有形力の行使はあくまでも慎重でなければなりません。

○体罰とならない行為

　文部科学省のガイドラインは、児童生徒がある程度苦痛と感ずるペナ

ルティであって、体罰に当たらない行為として、例えば、①放課後など
の教室に残留させること、②授業中、教室内に起立させること、③学習
課題や清掃活動を課すこと、④学校当番を多く割り当てること、⑤立ち
歩きの多い児童生徒を叱って席につかせることを挙げています。ただし、
①については、用便のためにも室外に出ることを許さなかったり、食事
時間を過ぎても長く留め置いたりするなど肉体的苦痛を与えるものは体
罰に当たるとしています。

　もう1つ、ガイドラインは、児童生徒から教員などに対する暴力行為
があった場合、教員が防衛のためにやむを得ずした有形力の行使は体罰
にならないとしています。

　刑法36条は、「急迫不正の侵害に対して、自己又は他人の権利を防衛
するため、やむを得ずにした行為は、罰しない」と規定しています。正
当防衛が成立するためには、次の要件が必要です。

　第1は、急迫不正の侵害があること。「急迫」とは、侵害がいま現に
存在するか、又は切迫していることを意味します。将来予想される侵害
までは含みません。「不正」とは、客観的に違法であることです。

　第2は、自己又は他人の権利を防衛するための行為であること。正当
防衛には、襲われた教師自身の生命、身体、財産の防衛だけでなく、他
の教師や生徒の生命、身体、財産の防衛も含みます。

　第3は、やむを得ずにした行為であること。やむを得ずにした行為で
あるためには、その行為が法益を守るために必要かつ相当なものでなけ
ればなりません。

　その後、部活動中の体罰で高校生が自殺した事件を受けて、文部科学
省は再度、通知「体罰の禁止及び児童生徒理解に基づく指導の徹底につ
いて」（平成25年3月13日）を出していますが、基本的な方針に変更は
ありません。

Q67

授業中に騒ぐ生徒を教室の外に退出させることは、認められますか。

 ○教室外退去を是認

　前問で取り上げた平成19年の文部科学省通知が出されたきっかけは、教育再生会議の提言でした。すなわち、教育再生会議の第1次報告書（平成19年1月）は、教室の規律の確立のため、過去に出された体罰に関する通知の見直しを求めました。

　教育再生会議が問題としたのは「生徒に対する体罰禁止に関する教師の心得」（昭和24年8月2日法務府発表）と題する通知です。この通知の中に「授業時間中、怠けたり、騒いだからといって生徒を教室外に出すことは許されない」とする内容が記載されていました。教育再生会議は、騒いでいる生徒を教室外に出すことも体罰というのでは、教師は毅然とした指導ができないとして、体罰通知を見直しを提言したわけです。

　前述の平成19年の文部科学省通知に付されたガイドラインでは、「児童生徒を教室外に退去させる等の措置」について、次のように示しました。

(1)　遅刻したこと、授業中怠けたことなどを理由として、児童生徒を教室に入れず、教室から退去させることは許されないこと。

(2)　ただし、授業に代わる指導が別途行われるのであれば、教室内に入れず、又は教室から退去させることも差し支えないこと。

(3)　喧騒などの行為により他の児童生徒の学習を妨げる場合は、教室内の秩序を維持するため、やむを得ず教室外に退去させることは、教育上必要な措置として差し支えないこと。

Q68

体罰を行った教師に対しては、どのような処分が行われますか。

 ○体罰の法的責任

　体罰は法律で禁止されている違法行為ですから、教員が体罰を行った場合、その法的責任が問われます。問われる法的責任は、民事上の責任、刑事上の責任、行政上の責任の３つです。

　まず、民事上の責任は、体罰の被害を受けた児童生徒又はその保護者に対して治療費や慰謝料などの損害賠償を行う責任であり、次に、刑事上の責任は、教員個人が体罰行為について暴行罪や傷害罪などの刑事罰を負う責任です。さらに、行政上の責任は、体罰という違法行為について公務員法上の責任を問うものです。

　体罰で刑事訴追を受けるのは、体罰により児童生徒が重傷を負ったり、死亡したりした悪質なケースに限られます。また、民事上の賠償責任は、公立学校の教員の場合、国家賠償法１条の規定により、学校の設置者が負担することとなっているので（教師に故意や重大な過失があるときは、本人への求償もあり得ます）、詳しい説明は省略します。

　ここでは、行政上の責任追及について説明します。

　公立学校の教員が体罰を行った場合、地方公務員法29条の規定に基づき、戒告、減給、停職、免職の懲戒処分の対象となります（私立学校の場合は、学校法人の就業規則などで定められています）。

　処分の量定は、有形力の行使の態様やそれを行使した状況など多様ですから、画一的に律することは難しいが、多くの都道府県は、あらかじめ体罰の処分基準を明示して、教員の法令遵守の意識を高め、体罰に対する抑止的効果を期待する方針をとっています。

○処分基準の例

　例えば、東京都の「教職員の主な非行に対する標準的な処分量定」を
みると、次のようになっています。

免職	・体罰により児童・生徒を死亡させ、又は児童・生徒に重篤な後遺症を負わせた場合 ・極めて悪質又は危険な体罰を繰り返した場合で、児童・生徒の苦痛の程度が重いとき（欠席・不登校等）
停職・減給	・常習的に体罰を行った場合 ・悪質又は危険な体罰を行った場合 ・体罰により傷害を負わせた場合 ・体罰の隠ぺい行為をした場合
戒告	・体罰を行った場合

　これをみれば分かるように、体罰を行った教員の処分の量定は、児童
生徒の傷害の程度によって決められています。一般的に児童生徒の死亡
又は重傷の場合は「免職」、悪質な体罰の場合は「停職」「減給」、単な
る体罰の場合は「戒告」という基準になっていますが、この他に、懲戒
処分ではない「訓告」「厳重注意」などの措置が行われています。

　ちなみに、文部科学省の調査によると、平成30年度中に全国で体罰
を行った教員に対する懲戒処分の数は、免職0、停職13、減給73、戒
告55、訓告等437となっています。

　体罰に対する懲戒処分は、体罰を行った教師だけでなく、それを監督
する立場にある校長についても監督責任が問われます。

Q69

いじめかどうかを判断するのは難しいですが、その判定基準は、どう考えたらいいでしょうか。

 ○被害者の心理を重視

文部科学省のいじめに関する調査では、従来、いじめの定義について、①当該児童生徒が一定の人間関係のある者から、②心理的、物理的な攻撃を受けたことにより、③精神的な苦痛を感じているものとしていました。

いじめは強い・弱いに関係なく、だれにも起こり得るものという観点に立って、一定の人間関係にある間で行われる攻撃ととらえ、個々の行為がいじめに当たるか否かの判断は、いじめられた児童生徒の立場に立って行うとしていました。つまり、いじめの判断は、加害者側の行為の形態よりも、被害者側の心理を重視することとしたわけです。

平成25年に制定されたいじめ防止対策推進法2条は、「この法律において『いじめ』とは、児童等に対して、当該児童等が在籍する学校に在籍している等当該児童等と一定の人的関係にある他の児童等が行う心理的又は物理的な影響を与える行為（インターネットを通じて行われるものを含む。）であって、当該行為の対象となった児童等が心身の苦痛を感じているものをいう」と定めています。いじめ防止対策推進法でいじめの定義が規定されたので、学校におけるいじめの判断は、この規定に基づいて行うことが求められます。

○いじめ防止対策推進法の定義

いじめ防止対策推進法が定める定義のポイントは、次のとおりです。
第1に、個々の行為がいじめに当たるか否かの判断は、「心身の苦痛

を感じている」という被害者の立場に立って行うことです。これは従来の文部科学省の定義と同じです。

　この場合、「心身の苦痛を感じているもの」という要件を限定して解釈することのないようにすることが必要でしょう。いじめられていても、本人がいじめを否定する場合があるからです。いじめられていると思われる児童生徒の表情や様子を観察するなどして、きめ細かく確認する必要があります。しかし、いじめられた児童生徒の「心身の苦痛」という主観を確認する際、いじめられた児童生徒本人や周辺の状況などを客観的に確認することも大切です。

　第2に、「一定の人間関係」とは、同じ学校、学級、部活動の児童生徒や、塾やスポーツクラブなどその児童生徒がかかわっている仲間や集団など、学校の内外を問わず、何らかの人間関係のある者を幅広くとらえる必要があります。

　第3に、文部科学省の定義では「心理的、物理的な攻撃」としていたのをいじめ防止対策推進法では「心理的又は物理的な影響を与える行為」としている点に留意する必要があります。「影響を与える行為」ですから、冷やかし、からかい、無視なども広く対象となります。

　「物理的な影響」には、身体的な影響の他に、悪口を言われたり、脅されたり、金品をたかられたり、隠されたり、盗まれたり、嫌なことや恥ずかしいことを無理やりさせられたりすることも含みます。けんかは除きますが、外見的にけんかのように見えても、いじめられた児童生徒の感じる被害性に着目した見極めが必要です。

　なお、従来からネット上の嫌がらせなどもいじめととらえてきましたが、いじめ防止対策推進法では、いじめの定義にネットを通じて行われるいじめを含むことを明記しています。

Q70

いじめ防止対策推進法は、いじめの防止に関して、学校や教師にどのような法的義務を定めていますか。

 ○いじめ防止対策推進法が定める義務

いじめ防止対策推進法は、学校や教師について、次のような義務を規定しています。

第1は、いじめ防止基本方針の策定です。学校は、国のいじめ防止基本方針及び地方いじめ防止基本方針を参酌し、「学校いじめ防止基本方針」を策定することが義務付けられています（13条）。

第2は、いじめ防止対策組織の設置です。学校は、いじめの防止に関する措置を実効的に行うため、教職員、心理・福祉などの専門家、その他の関係者により構成する「いじめの防止対策のための組織」を常置することが義務付けられています（22条）。

第3は、いじめ防止の指導です。いじめの防止に資するため、学校は、全教育活動を通じた道徳教育と体験活動の充実を図る必要があります（15条1項）。また、学校は、いじめを防止するため、保護者、地域住民などとの連携を図って、いじめの防止活動を支援し、いじめ防止について啓発を行う義務があります（15条2項）。

第4は、いじめの早期発見です。学校は、いじめを早期に発見するため、児童生徒に対する定期的な調査などを講ずる義務があります（16条1項）。また、学校は、児童生徒、保護者、教職員がいじめについて相談を行うことができる体制を整備することが求められています（16条2項）。

さらに、インターネットを通じて行われるいじめを防止し、それに効果的に対処するため、児童生徒や保護者に啓発活動を行うことが必要です（19条）。

○いじめに対処する具体的措置

　第5は、いじめに対処するための具体的措置です。いじめ防止対策推進法は、いじめ防止策として、学校に次の措置を義務付けています。

⑴　教職員は、児童生徒からいじめの相談を受け、いじめの事実があると思われるときは、学校に通報し、情報を共有するなど適切な措置をとること（23条1項）。

⑵　学校は、通報を受けたときは、速やかに、いじめの事実確認を行い、その結果を設置者に報告すること（23条2項）。

⑶　いじめが確認された場合、いじめをやめさせ、再発を防止するため、教職員は、心理・福祉などの専門家の協力を得て、いじめを受けた児童生徒とその保護者への支援、いじめを行った児童生徒の指導とその保護者への助言を行うこと（23条3項）。

⑷　いじめられた児童生徒の安心のために必要がある場合、いじめを行った児童生徒を教室以外の場所で学習させるなどの措置をとること（23条4項）。

⑸　いじめを受けた側及びいじめを行った側の保護者間で争いが起きないよう、いじめの情報を共有する措置などを講ずること（23条5項）。

⑹　いじめが犯罪行為であると認めるときは、警察と連携して対処し、生命・身体・財産に重大な被害が生じるおそれがあるときは、直ちに警察に通報し、援助を求めること（23条6項）。

⑺　いじめを行った児童生徒の懲戒又は出席停止について適切な運用を行うこと（26条）。

⑻　重大事態が発生した場合は、速やかに組織を設け、質問票の使用その他の適切な方法により、事実関係を明確にするための調査を行い、必要な情報を児童生徒と保護者に提供すること（28条）。

Q71

いじめ問題の解決のためには、家庭の協力が欠かせません。いじめ防止対策推進法は、保護者の責任について、どのように定めていますか。

 ○規範意識の涵養

　いじめ問題の解決に当たっては、保護者の責務も重要です。いじめ防止対策推進法は、保護者の責務について、次の3点を定めています。

　第1は、規範意識の涵養です。いじめ防止対策推進法は、保護者は子の教育について第一義的責任を有するから、保護する児童生徒がいじめを行うことのないよう、規範意識を養うための指導を行うよう努めるべきことを規定しています（9条1項）。

　保護者が子の教育に第一義的責任を有すると規定するのは、教育基本法10条において「父母その他の保護者は、子の教育について第一義的責任を有するものであって、生活のために必要な習慣を身に付けさせるとともに、自立心を育成し、心身の調和のとれた発達を図るよう努めるものとする」とする規定を受けたものです。

　いじめ防止対策推進法で、保護者に子に対する規範意識の指導を行うよう努める義務を課すことについて、国会審議の過程で、法律が家庭教育にまで立ち入ることへの疑念が提示されました。その際、法案提案者は、この規定はあくまでも教育基本法10条1項の規定の範囲内にとどまる確認的規定であって、新たに家庭教育の内容を具体的に規定したものではない旨を説明しています。

○保護者の保護責任

　第2は、保護者の保護責任です。いじめ防止対策推進法は、保護者は、

その保護する児童などがいじめを受けた場合には、適切にいじめから保護することを定めています（9条2項）。

　この規定を設けることにより、学校側が保護者にも責任があるとして、十分ないじめ防止対策を講じないおそれはないか、とくに訴訟になった場合、学校側が保護者の責務を十分果たしていなかったと主張して、学校と保護者の間で責任の押し付けあいが生じないか、などの懸念がありますが、そうした懸念に配慮して、いじめ防止対策推進法9条4項で「第1項の規定は、家庭教育の自主性が尊重されるべきことに変更を加えるものと解してはならず、また、前3項の規定は、いじめの防止等に関する学校の設置者及びその設置する学校の責任を軽減するものと解してはならない」という規定を設けています。

○保護者の協力義務

　第3は、保護者の協力義務です。いじめ防止対策推進法は、保護者は、国、地方公共団体、学校設置者及び学校が講ずるいじめの防止などのための措置に協力するよう努めることを定めています（9条3項）。

　いじめ問題の対処において、しばしば保護者が学校の対応に不信感を持ったり、反発したりして、事態がこじれるケースがみられます。これには学校側の対応のまずさにも一因があることは否めませんが、保護者が感情的になり、最初から学校の説明を受け付けないケースも少なくありません。いじめ問題については、保護者に協力する姿勢がないと解決は困難です。学校と保護者が一体となっていじめ問題に対処するよう、保護者の協力義務が定められています。保護者が子どもからいじめの相談を受けたときは、学校に通報する義務があります（23条1項）。

Q72

いじめの事実を解明するため、加害者と目される生徒に対し事情聴取を行う場合、どのような配慮が必要ですか。

A ○実態解明のための事情聴取

いじめ防止対策推進法は、在籍する児童生徒がいじめを受けていると思われる場合、速やかに、いじめの事実の有無の確認を行うための措置を講ずることを学校に義務付けています（23条2項）。したがって、いじめを受けていると児童生徒から相談や訴えがあった場合、学校としては、速やかに児童生徒から事情聴取をするなどして、いじめの実態を解明する必要があります。ただし、事情聴取を行うに当たっては、あくまでも任意で、かつ、人権や心身の健康を損なうことのないよう慎重な配慮が必要です。

この点について、いじめ事案における事情聴取の違法性を認定した佐賀地裁判決（平成25年12月13日）があります。

平成19年に佐賀県唐津市の公立中学校で女子生徒（3年）の上靴がカッターで切り取られ、中に画鋲が入れられ、接着剤で下駄箱に固定される事件が起きました。被害生徒の告知に基づき、学年主任と学級担任が、加害者と目される3名の生徒に対し事情聴取を行ったところ、2人の生徒は、事件への関与を認めましたが、1人（原告）は終始否認しました。原告への事情聴取は、2日間にわたり総計5時間半に及びました。

佐賀地裁の認定によれば、学年主任は、物的証拠もないまま、「（被害生徒）が不登校になったり自殺したりしたら責任とれるか」「警察を呼んで指紋を採ってもらうか」などと原告の恐怖心をあおって、執拗に事件の関与を認めさせようと迫ったとしています。

原告は、教員の執拗で脅迫的な事情聴取により解離性障害に罹患した

として、唐津市に対し 6,200 万円余の損害賠償を求める裁判を佐賀地裁に提訴しました。

○社会通念を逸脱した聴取

　佐賀地裁は、学年主任や学級担任が行った事情聴取は「その方法ないし態様及び限度において教諭が生徒に対して行う事情聴取として社会通念上相当と認められる範囲を明らかに逸脱しているから国家賠償法上違法と言わざるを得ない」と判示し、唐津市に 1,774 万円の損害賠償を命じました。判決のポイントは、次のとおりです。

(1)　教員は、問題行動をしたことがうかがわれる生徒から任意で事情聴取をすることができるが、事情聴取に当たって、教員は生徒の心身の健康が損なわれることのないよう配慮すべき義務を負う。

(2)　本件事情聴取では、被害者が不登校や自殺する可能性のあることを示唆したり、警察を呼んで指紋を採取してもらうといったり、関与を認めない限り事情聴取は終わらないなどと原告の恐怖心をあおって事件への関与を認めさせようとしている。

(3)　本件事情聴取は、長時間にわたって行われ、原告の身体的・精神的に大きな負担となり得るものであり、その方法、態様、限度において教員が生徒に対して行う事情聴取として社会通念上相当と認められる範囲を明らかに逸脱している。

　いじめ事案ではありませんが、「（児童の）訊問にあたって威力を用いたり、自白や自供を強制したりしてはならないことはいうまでもない。そのような行為は、強制捜査権を有する司法機関にさえも禁止されているのであり、いわんや教職員にとってそのような行為が許されると解すべき根拠はない」とする行政実例（昭和 23 年 12 月 22 日法務庁法務調査意見長官回答）があることを付言しておきます。

Q73

同級生の靴に画鋲を入れるなど嫌がらせが絶えません。いじめを抑止するため、生徒の指紋を採取することはできますか。

 ○人権にかかわる問題

　平成27年、東京都立川市の市立小学校でクラスの女児が靴に画鋲を入れられたというので、学級担任の教師が授業中に児童37人から聞き取りを行った後、スタンプのインクで全員の右手人さし指の指紋を採ったというニュースが報道されました。新聞報道では、教師は「いじめの抑止効果になると思った」と釈明していましたが、市の教育委員会は「児童の人権を侵害する極めて不適切な指導」という見解を表明しました。

　教師が児童生徒の指紋を採取して問題となる事例としては、校内の盗難事件に関連しても起きています。例えば、平成21年に三重県四日市市の私立高校で、1年生の体育の授業中に携帯電話のメモリーカードが紛失する事件が発生し、担任教諭が放課後に27人のクラス全員を集め「知っていることがあれば書くように」と紙を配ったところ、「何も知りません」という内容の回答ばかりだったため、出席番号を書いた紙と朱肉を回し、一人ずつ人さし指の指紋を押させたことがニュースになりました。

　一般に指紋採取というと、犯人扱いというイメージがあります。このため、教師が児童生徒の指紋を採取することは、児童生徒の人権にかかわる問題となり、教師と児童生徒との信頼関係を損なうおそれがあります。教師が児童生徒の指紋を採取することは、教育的にも法律的にも認められません。

○捜査機関も厳しい制限

　指紋採取は、捜査機関といえども勝手に行うことは許されていません。現行法令は、捜査に関する指紋採取を、次の３つの場合に限定しています。

⑴　裁判官の発する身体検査令状により指紋を採取する場合（刑事訴訟法218条１項）

⑵　逮捕した拘束中の被疑者の指紋を採取する場合（同218条３項）

⑶　本人の同意がある場合

　本人の同意があれば、令状なしでも指紋を採取できますが、少年事件については、警察庁通知「少年被疑者等の指紋等採取及び写真撮影について」（平成13年１月25日）で、次のような厳しい制限を課しています。

・少年（20歳未満）の指紋の採取は、犯罪捜査のため必要やむを得ない場合で、本人の承諾を得たときに限り行うこと。

・少年の承諾を得るに当たっては、任意性の確保に特に配意し、少年の心情に著しい影響を与えると認められるときは行わないこと。

・年少少年（14・15歳）については、保護者の承諾を求め、やむを得ない場合を除き、保護者等の立ち会いを求めること。

・触法少年（14歳未満）については、指紋採取をしてはならないこと。

・ぐ犯少年、不良行為少年については指紋採取を行わないこと。

　このように捜査機関による捜査ですら指紋の採取については、法令上も実務上も厳格な制限をしています。

　こうしてみれば、教師がいじめや盗難の事案について、安易に児童生徒の指紋を採取する行為は、法令に根拠がないばかりでなく、教育的配慮を欠いた著しく不適切な行為といわねばなりません。

Q_{74}

いじめを受けた被害者の保護者から、加害者の連絡先を聞かれた場合、教えてもいいでしょうか。

A ○情報提供禁止の例外

いじめが起きたとき、被害者の保護者から、学校に加害者の連絡先を教えてほしいと言ってくるケースは少なくありません。しかし、これは学校が保有する個人情報を第三者に提供することになりますから、学校としては躊躇せざるを得ません。

この場合、加害者の同意を得て、被害者に加害者の連絡先を提供できれば、問題はないわけですが、加害者の同意が得られないとき、どうするかが問題となります。

個人情報保護法23条は、原則として、本人の同意なしに第三者に個人データを提供することを禁止していますが、例外として、①人の生命、身体又は財産の保護のために必要がある場合であって、本人の同意を得ることが困難であるとき、②児童の健全な育成の推進のためにとくに必要がある場合であって、本人の同意を得ることが困難であるときは、同意なしで提供することを許容しています。いじめ事案で、これらの例外条項に該当する場合は、加害者の同意がなくても、加害者の電話番号や住所を教えることができます。

また、いじめ防止対策推進法23条5項は「学校は……いじめを受けた児童等の保護者といじめを行った児童等の保護者との間で争いが起きることのないよう、いじめの事案に係る情報をこれらの保護者と共有するための措置その他の必要な措置を講ずるものとする」と規定しています。この観点から、いじめの加害者と被害者に紛争当事者であることを認識させ、互いに紛争解決に協力するよう、学校は必要な情報提供をす

ることも必要となります。

○被害者に配慮した対応

生徒同士のけんかで加害者の氏名の教示を拒否して、紛糾したケースがあります。

平成17年に大阪府立高校で1年生の男子生徒が、別のクラスの男子生徒に校門の近くに連れ出されて、暴行を受け、顔などに6週間のけがを負いました。学校側はけんかと判断し、双方を停学処分としました。けがをした生徒の両親がけんか相手の生徒の氏名と連絡先を尋ねたところ、学校側は、個人情報保護法を理由に明らかにすることを拒否しました。これに納得しない両親は、「容疑者不詳」で警察に被害届を出したため、警察が捜査に乗り出した、という事件です。

学校側が個人情報保護法を理由に、加害生徒の氏名や連絡先を知らせることを拒否したのは、二重の意味で間違っています。まず、公立高校で起きた事件ですから、個人情報保護法の適用はありません。適用されるのは、大阪府の個人情報保護条例です。次に、前述のとおり、個人情報保護法は、「人の生命・身体等の保護」や「児童の健全な育成の推進」の場合、個人データを第三者に知らせることができることを定めています。大阪府の個人情報保護条例をみると、この点は、個人情報保護法と同じ扱いになっています。

同校の校長は、「相手がだれであれ、外部からの問い合わせに対して簡単には個人情報は教えない」と述べたと新聞は報じていましたが、これは学校内で起きた傷害事件です。学校としては、被害者側の心情に配慮し、加害生徒の保護者を説得し謝罪に行かせるとか、被害者側と加害者側の双方の話し合いの機会を設けるなど、もっと親身な対応をすべきだったのではないでしょうか。

Q75

いじめの事実を隠蔽した場合、教員はどのような処分を受けることになりますか。

 ○いじめの報告義務

これまでメディアで大きく取り上げられたいじめ事件には、学校がいじめの事実を隠蔽したケースが少なくありません。

いじめ防止対策推進法は、①いじめがあると思われるとき、学校は速やかに教育委員会に報告すること（23条2項）、②いじめが確認された場合、学校はいじめに関する情報を保護者と共有すること（23条5項）、③いじめが重大事態に該当する場合、学校は教育委員会を通じて首長に報告すること（30条1項）、④重大事態に関する調査結果をいじめを受けた児童生徒と保護者に提供すること（28条2項）などの義務を規定しています。したがって、いじめの隠蔽は、いじめ防止対策推進法の諸規定に違反することになります。

いじめ防止対策推進法の諸規定を踏まえて、例えば、大阪市教育委員会の「いじめ対策基本方針」では、「いじめ事案の発生後の教育委員会や学校の対応として、被害児童生徒・保護者に対する自己防衛的な対応、いわんや事実の隠蔽は、決してあってはならない。本市職員による隠蔽行為に対しては、非違行為として厳正に対処するものとする」という厳しい方針を掲げています。ここで「厳正に対処する」の中には、地方公務員法に基づく懲戒処分が含まれていることはいうまでもありません。

○隠蔽には懲戒処分

懲戒処分は、公務員に非違行為があった場合に、公務員内部における規律の統制のために行われる法的制裁です。地方公務員法29条は、「職

員が次の各号の一に該当する場合においては、これに対し懲戒処分として戒告、減給、停職又は免職の処分をすることができる」と定め、その事由として、①地方公務員法、教育公務員特例法又は条例、規則などに違反した場合、②職務上の義務に違反し又は職務を怠った場合、③全体の奉仕者たるにふさわしくない非行のあった場合の3つの要件を掲げています。

いじめ事案における事実の隠蔽は、まず、地方公務員法32条に定める「法令等に従う義務」に違反することになり、次いで、職務上の義務違反又は職務の懈怠に該当することになります。さらに、いじめ事案の隠蔽が、悪質であるときは、全体の奉仕者たるにふさわしくない行為として、信用失墜行為（地方公務員法33条）に該当することもあり得ます。

公立学校教職員が上記の3つの要件のいずれかに該当する場合、懲戒処分として、戒告、減給、停職、免職を受けることとなります。

いじめ事案の隠蔽が、これらの処分のいずれに該当するかは、懲戒権者（都道府県又は指定都市の教育委員会）の判断に委ねられます。この点について、最高裁は「懲戒権者は、懲戒事由に該当すると認められる行為の原因、動機、性質、態様、結果、影響等のほか、当該公務員の右行為の前後における態度、懲戒処分等の処分歴、選択する処分が他の公務員及び社会に与える影響等、諸般の事情を考慮して、懲戒処分をすべきかどうか、また、懲戒処分をする場合にいかなる処分を選択すべきか、を決定することができる」(昭和52年12月20日判決)と判示しています。

私立学校の場合は、学校法人の定める就業規則などに基づき、公務員とほぼ同様の懲戒の措置がとられます。

Q76

犯罪行為と思われるいじめが行われているときは、警察に必ず通報しなければならないのでしょうか。

 ○犯罪行為は警察に通報

市民社会では人を殴れば、暴行罪として司法の手に委ねられ罰せられます。しかし、学校では「いじめはよくない」といった教育的説諭で済まされることが少なくありません。学校は、教育的指導に全力を尽くすべきことはいうまでもありませんが、いじめが悪質化して、学校の手に負えなくなっても、教育指導のみで対処しようとするのは、犯罪を放置する結果となり、許されません。

そこで文部科学省は、通知「問題行動を起こす児童生徒に対する指導について」（平成19年2月5日）などで「校内での傷害事件をはじめ、犯罪行為の可能性がある場合には、学校だけで抱え込むことなく、直ちに警察に通報し、その協力を得て対応する」ことを要請してきました。

また、大津市の中学生いじめ自殺事件などを踏まえて、平成24年に出された通知「犯罪行為として取り扱われるべきと認められるいじめ事案に関する警察への相談・通報について」（平成24年11月2日）では、次の諸点を示しています。

(1) いじめる児童生徒に対して教育上の指導を行っているにもかかわらず、十分な効果を上げることが困難である場合で、その生徒の行為が犯罪行為として取り扱われるべきときは、いじめられている児童生徒を徹底して守り通すという観点から、学校は早期に警察に相談し、警察と連携した対応をとることが重要であること。

(2) とくに、いじめられている児童生徒の生命・身体の安全が脅かされている場合には、直ちに警察に通報することが必要であること。

(3)　学校内の犯罪行為に対し、教職員が毅然と適切な対応をとってい
くためには、学校や教育委員会は、犯罪行為として取り扱われるべ
きと認められる行為があった場合の対応について、日頃から保護者
に周知を図り、理解を得ておくことが重要であること。

○いじめ防止対策推進法で法的義務に

さらに、平成25年にいじめ防止対策推進法が制定され、同法23条6
項で「学校は、いじめが犯罪行為として取り扱われるべきものであると
認めるときは所轄警察署と連携してこれに対処するものとし、当該学校
に在籍する児童等の生命、身体又は財産に重大な被害が生じるおそれが
あるときは直ちに所轄警察署に通報し、適切に、援助を求めなければな
らない」と定められました。いじめが犯罪行為であるときは、学校は警
察に通報する法的義務が課されたわけです。

どのような行為が刑罰法規に該当するかについては、おおむね次のよ
うに考えられます。

○叩かれたり、蹴られたりする	・暴行（刑法208条） ・傷害（刑法204条）
○嫌なことや恥ずかしいこと、危険なことをされたり、させられたりする	・強要（刑法223条） ・強制わいせつ（刑法176条）
○金品をたかられる	・恐喝（刑法249条）
○金品を隠されたり、盗まれたり、壊されたり、捨てられたりする	・窃盗（刑法235条） ・器物損壊等（刑法261条）
○冷やかしやからかい、悪口や脅し文句、嫌なことを言われる	・脅迫（刑法222条） ・名誉毀損、侮辱（刑法230条、刑法231条）
○パソコンや携帯電話等で誹謗中傷や嫌なことをされる	・脅迫（刑法222条） ・名誉毀損、侮辱（刑法230条、刑法231条）

Q77

いじめによる重大事態とは、どのような場合をいうのでしょうか。重大事態が発生した場合、学校はどのような措置をとる必要がありますか。

 ○いじめによる重大事態とは

いじめ防止対策推進法は、いじめによる重大事態に関する条項（28条）を設けて、教育委員会や学校に対し、より厳しい義務を課しています。そのポイントを解説すれば、次のとおりです。

第1は、重大事態の意味です。いじめ防止対策推進法28条は、いじめによる重大事態について、2つの場合を規定しています。

1つは、いじめにより生命、心身、財産に重大な被害が生じた疑いのある場合。例えば、いじめにより、①自殺を企図した、②身体に重大な傷害を負った、③金品などに重大な被害を被った、④精神性の疾患を発症したなどの疑いのある場合がこれに該当します。

もう1つは、いじめにより相当の期間欠席が余儀なくされている場合。不登校の真の原因がいじめかどうかの判断は難しい面がありますが、児童生徒や保護者から、深刻ないじめがあると申立てがあった場合、その時点で、学校は重大事態とみなして、事実調査を行う必要があります。ここで「相当の期間」の欠席とは、いじめの定義を踏まえて、年間30日が目安となります。しかし、30日未満でも一定期間連続して欠席している場合、重大事態として対応する必要があります。

○重大事態発生時の措置

第2は、発生の報告です。まず、重大事態が発生した場合、直ちに、公立学校は、教育委員会を経由して首長に、私立学校は、設置者を経由

して都道府県知事に、国立大学附属学校は、学長を経由して、文部科学大臣に報告しなければなりません（29〜31条）。

　第3は、実態調査です。重大事態が発生したときは、事実関係を明確にするための調査を行わねばなりません（28条）。教育委員会は、学校の体制や事案の特性などからみて、学校主体では、十分な調査結果が得られないと考えるときは、教育委員会主体で行う必要があります。調査の組織は、学校が調査主体となる場合は、いじめ防止対策推進法22条に基づき学校に置かれる「いじめの防止等の対策のための組織」を母体とし、これに専門家（弁護士、精神科医、学識経験者、心理や福祉の専門家など）を加えて構成します。教育委員会が調査主体となる場合は、いじめ防止対策推進法14条3項に基づき教育委員会に設置される附属機関を用いることになります。

　第4は、調査の方法です。いじめ防止対策推進法28条は、「質問票の使用その他の適切な方法により」事実関係を明確にするための調査を行う」と規定しています。「事実関係を明確にする」とは、①いじめ行為が、いつから、だれから、どのように行われたか、②いじめを生んだ背景や児童生徒の人間関係にどのような問題があったか、③学校や教職員がどのように対応したかなど事実関係を可能な限り明確にすることが必要です。

　調査により明らかになった事実は、いじめを受けた児童生徒とその保護者に対して、適時・適切な方法で情報を提供する必要があります（28条2項）。

　学校が行った調査結果については、教育委員会及び首長へ報告が必要です。首長は、必要により、自ら第三者委員会などを設けて事案の再調査を行うことができます（30条2項）。

Q78

　不登校の生徒に対して、あまり強く登校を促すと、かえって状況を悪くするおそれがあるので、よくないのでしょうか。

A ○不登校も「正当な事由」

　以前、ある市の教育委員会が不登校の子どもの保護者に「学校に出席しないと刑に処せられることがある」と書いた就学督促状を出して、心ない仕打ちと、批判を受けたことがありました。

　教育委員会としては、法令に基づいた措置を行ったということだったのでしょう。たしかに学校教育法施行令は、校長に対し学齢児童生徒が「正当な理由」なく、続けて7日欠席したら、教育委員会に報告する義務を課し（20条）、保護者が就学義務を怠っていると認めるときは、教育委員会は保護者に就学督促をすべきことを定めています（21条）。また、学校教育法は、就学督促を受けて、履行しない保護者には罰金を科すと規定しています（144条）。

　これらの条文からいえば、形式上は教育委員会が不登校の子どもの保護者に就学督促を行うことは、法令の執行ということになりますが、不登校の実態に照らせば、法令の運用が機械的に過ぎるという批判は免れません。

　文部科学省の定義によれば、不登校とは「何らかの心理的、情緒的、身体的あるいは社会的要因・背景により、登校しない、あるいはしたくともできない状況にあるため年間30日以上欠席した者のうち、病気や経済的な理由による者を除いたもの」としています。

　子どもが心理的、情緒的、身体的、社会的などの理由で行けない状態に陥って、苦悩している保護者に、就学義務を「怠っている」というのは酷です。不登校は病気に準じて「正当な事由」による欠席とみるべき

で、法令による就学督促の対象とはなりません。

○登校支援が必要

　ひところ不登校の子どもに登校を促す「登校刺激」について、一部の専門家から、子どもにプレッシャーを与え、状況を悪化させるからすべきでないという意見が出ました。これに対して文部科学省の協力者会議報告（平成15年及び平成28年）は、不登校の子どもに対し登校を促すことは、ある程度必要という見解を示してきました。

　この点について、令和元年に出された文部科学省通知「不登校児童生徒への支援の在り方について」（令和元年10月25日　初等中等教育局長通知）は、基本的な考え方として、「不登校児童生徒への支援は、「学校に登校する」という結果のみを目標にするのではなく、児童生徒が自らの進路を主体的に捉えて、社会的に自立することを目指す必要があること」と示しています。

　同時に家庭への支援として、「不登校児童生徒が、主体的に社会的自立や学校復帰に向かうよう（中略）適切な支援や働き掛けを行う必要がある」とし、「学校は定期的に家庭訪問を実施して、児童生徒の理解に努める必要がある」としています。

　強引な登校刺激で、不登校の児童生徒を追いつめるようなことは避けるべきですが、不登校の児童生徒に寄り添い、共感的理解と受容の姿勢で、適切な登校支援を行うことは必要と考えます。

Q79

フリースクールで学習している生徒を指導要録上、出席扱いにすることができますか。

 ○多様な教育機会

　平成28年に制定された「義務教育の段階における普通教育に相当する教育の機会の確保等に関する法律」が定めるように、不登校の児童生徒には、多様な教育機会が確保されることが必要です。現在、不登校児の教育機会としては、教育支援センター、不登校特例校、民間のフリースクール、夜間中学、ICT活用の学習支援などがあります。これらの教育機会を利用して学習している場合は、一定の要件のもとで指導要録上の出席扱いとすることが認められています。

　この点について、文部科学省通知「不登校児童生徒への支援の在り方について」（令和元年10月25日）は、別添の「義務教育段階の不登校児童生徒が学校外の公的機関や民間施設において相談・指導を受けている場合の指導要録上の出欠の取扱いについて」で、次のように示しています。

(1)　学校外の施設において相談・指導を受けている児童生徒については、一定の要件を満たす場合、これら施設において相談・指導を受けた日数を指導要録上出席扱いとすることができる。

(2)　その要件は、次のとおりとする。

　　①　保護者と学校の間に十分な連携・協力関係が保たれていること。

　　②　教育委員会等の設置する適応指導教室等を原則とするが、公的機関がないか、公的機関に通うことが困難な場合は、民間の相談・指導施設も考慮されてよいこと。

　　③　当該施設に通所又は入所して相談・指導を受ける場合を前提と

すること。

　教育委員会が設置する教育支援センター（適応指導教室）については、問題はありませんが、民間の学習施設（いわゆるフリースクールなど）には、様々な施設があるので、どこまで認めてよいかが問題となります。

○民間施設のガイドライン

　そこで、文部科学省は、参考指針として、上記通知に「民間施設についてのガイドライン（試案）」を添付し、出席扱いが認められる要件として、次の諸点を示しています。

(1)　実施者が不登校児童生徒に対する相談・指導等に関し深い理解、知識、経験を有し、社会的信望を有していること。

(2)　事業運営が不登校児童生徒に対する相談・指導を行うことを目的とし、著しく営利本位でなく、入会金、授業料、入寮費等が明確にされ、保護者等に情報提供されていること。

(3)　相談・指導について、①児童生徒の人命や人格を尊重した人間味のある温かい相談や指導が行われていること、②指導内容・方法等があらかじめ明示されており、適切な相談や指導が行われていること、③体罰などの不適切な指導や人権侵害行為が行われていないこと。

(4)　相談・指導スタッフについて、①スタッフは教育に深い理解を有するとともに、不適応・問題行動の問題について知識・経験をもち、指導に熱意を有していること、②心理学や精神医学等の専門的知識と経験を備えた指導スタッフが指導に当たっていること。

(5)　学習、心理療法、面接等種々の活動を行うに必要な施設、設備を有していること。

(6)　学校との間に十分な連携・協力関係が保たれていること。

　民間の学習施設については、学校と施設と保護者が話し合い、活動内容を確認して出席扱いとする必要があります。

Q80

1日も登校しなかった生徒について、進級や卒業の認定を行うことはできますか。

 ○空文化した条文

1日も登校しなかった児童生徒については、法令の建前からいえば、進級や卒業を認定することは無理なので、学校はその扱いに悩むことになります。

学校教育法施行規則57条は「小学校において、各学年の課程の修了又は卒業を認めるに当たっては、児童の平素の成績を評価して、これを定めなければならない」と定めています。この規定は、中学校や高等学校にも準用されています。

ここでいう「平素の成績」の要件は、学業成績と出席日数です。まず、学業成績ですが、戦前はともかく、戦後は義務教育段階で学業成績が良くないから進級や卒業をさせないという学校はありません。この点、この条文は空文化しているといえるでしょう。

では、出席日数はどうでしょうか。不登校がまだ今日ほど多くなかったころは、義務教育でも定められた出席日数に満たない場合、進級や卒業をさせない扱いが行われていました。戦後まもなくに出された行政実例では「一般的にいって、総授業時数の半分以上も欠席した生徒については、特別の事情のない限り……卒業の認定は与えられないのが普通であろう」（昭和28年3月12日文部省初等中等教育局長回答）という解釈を示していました。

しかし、不登校の児童生徒が12万人に及ぶ今日、この基準をそのまま適用することは現実的でありません。学校では、出席日数についても弾力的運用をしています。

○校長の判断で認定

そこで、弾力的運用の限度が問題となります。義務教育段階で、進級や卒業の要件として、総日数の2分の1以上の出席という基準を適用することはもはや現実的でないとして、ぎりぎりどれだけ出席すれば認定できるか、1日も登校しない児童生徒の進級や卒業は、どうするのかが問題となります。

学校教育法施行規則57条の規定を最大限弾力的に解釈しても、1日も登校しない場合まで、進級や卒業を認めると読むことは無理でしょう。かつて、文部省に在職していたとき、この点について、旧知の校長から質問されて、「それを文部省に正面から聞かれたら、ダメだと言わざるを得ません。そういう問題は文部省に聞かないで、校長の責任で判断するよりないでしょうね」と答えたことがありました。文部省にいたときは、そんな逃げの答弁で済みましたが、その後、中高一貫校の校長に就任して、年間数日しか登校しなかった中学生の卒業の認定問題に直面したとき、さて、どうすべきかと悩みました。しかし、最終的に校長の責任で卒業を認定しました。

不登校問題には、このような法令と現実のギャップが伴います。それでも、近年はずいぶん法令解釈が柔軟になりました。例えば、授業には出席できないけれど、保健室になら登校できる児童生徒について、保健室登校を出席日数にカウントする運用はごく普通に行われています。

また、前問で説明したように、公設の教育支援センターや民間のフリースクールなどに通う子どもについても、一定要件を満たせば、指導要録上「出席扱い」することが認められます。さらに、最近はインターネットのeラーニングを活用して自宅で学習する方法も導入され、これも「出席扱い」とすることができます。

Q_{81}

学校で生徒が暴力を振るう場合、教師はどのように対応すべきですか。

○毅然とした対応が重要

校内暴力が大きな社会問題となったのは、かつて東京都下の中学校で起きた教師による生徒刺傷事件がきっかけでした。昭和58年2月、町田市立中学校で、3年生の男子生徒が玄関口で鉄製の泥落としマットを振り上げて英語の教師に襲いかかってきたので、身の危険を感じた教師が、ポケットに持っていた果物ナイフで立ち向かい、生徒を刺して10日間のけがを負わせた事件です。

この学校では生徒の暴力行為が日常化し、校内は荒廃していました。テレビのニュースで、校舎の窓ガラスが割られ、便所の仕切りが壊されて便器がむき出しになっている状況が映し出されたのをみて、よくまあここまで放置したものと驚いたことを思い出します。

学校における暴力行為には、生徒間暴力、器物損壊、対教師暴力の3つがありますが、この中学校では、そのいずれもそろっていました。

校内の暴力では、生徒間暴力が一番多く、次いで器物損壊、対教師暴力と続きますが、最も深刻なのは対教師暴力です。対教師暴力は、教師と生徒間の秩序を根底から崩し、教育の営みが成り立たなくなるからです。

現実に学校で児童生徒の暴力行為が発生したときは、教育的配慮を根底に置きつつ、暴力は許さないという毅然とした姿勢を示す必要があります。そのためには、教師は有形力を行使してでも暴力を制止する必要があります。教師が生徒の暴力を制止する行為は、刑法36条の「急迫不正の侵害に対して、自己又は他人の権利を防衛するため、やむを得ず

にした行為は、罰しない」の規定により、正当防衛となり、体罰とはなりません。このことについては、すでに説明したので（*Q66* 参照）、ここでは繰り返しません。

　児童生徒の暴力行為に対しては、まず、学校自身がその解消に最大限の努力を尽くすことが求められますが、暴力行為が犯罪行為と認められるときは、警察の支援を求めることをためらうべきでありません。

○暴力行為の指導の在り方

　学校における暴力行為にどう対処すべきかについては、文部科学省の研究会がまとめた報告書「暴力行為のない学校づくり」（平成 23 年 7 月）が参考になります。大部な報告書なので、その全容を紹介することはできませんが、1 つだけ、暴力行為を起こした児童生徒の指導の在り方について見ておきましょう。

　報告書は、「社会で許されない行為は、学校でも許されない」という一致した指導方針の下に、毅然とした態度で繰り返し粘り強い指導をすることが必要と述べています。

　その際、①暴力行為を一方的に叱責するのではなく、暴力行為によって相手を傷つけてしまったことを反省させること、②暴力行為の背景にある本人の抱える問題（学習の遅れなどによる自己肯定感の低下、家庭の問題に起因するストレス、発達障害など）の克服を図ること、③自らの行動を反省した上で将来への目標を見出すよう支援すること、④児童生徒の抱える問題の性質によっては、心理学や精神医学の専門家や児童相談所などの諸機関と連携することなどが必要と指摘しています。

Q82

生徒が暴力を振るって、学校の多数の窓ガラスを割った場合、その修理費を保護者に請求できますか。

A ○損壊修理は保護者負担

教育委員会によっては、児童生徒が学校の窓ガラスやドアなどを故意に破損させた場合、原則として、保護者に修繕費用の負担を求めることを決めているところがあります。例えば、横浜市は保護者に弁償を求めることで、児童生徒に責任を自覚させる指導を行うとしています。

器物損壊について弁償させることは、文部科学省も是認しています。文部省（当時）は通知「児童生徒の問題行動への対応のための校内体制の整備等について」（平成10年4月30日）で「問題行動を起こした児童生徒に対し、学校は、児童生徒との信頼関係を基底に置きつつ、問題行動の内容、程度、状況等に応じ、懲戒や破損された器物の弁償を含め適切な指導を行うこと」という方針を示しています。

では、器物破損の弁済について法律はどう定めているかをみてみましょう。

まず、民法709条は、「故意又は過失によって他人の権利又は法律上保護される利益を侵害した者は、これによって生じた損害を賠償する責任を負う」と定めています。児童生徒の校内暴力による器物損壊は、故意による公の施設に対する侵害ですから、それによって生じた損害に対しては当然賠償責任があります。

○未成年者の賠償責任

ただし、民法712条は、「未成年者は、他人に損害を加えた場合において、自己の行為の責任を弁識するに足りる知能を備えていなかったと

きは、その行為について賠償の責任を負わない」と定めているので、学校の器物を壊した児童生徒が自己の行為の責任を弁識するに足る知能を有しているかどうかが問題となります。

この場合、何歳から責任能力があるかについて法律上の規定はありません。判例ではおおむね12歳ぐらいから責任能力があるとされているので、一般論でいえば、小学生には責任能力がないが、中学生からは責任能力があるということになります。

そうなると、小学生と中学生では弁償の仕方が違ってきます。まず、責任能力がない小学生が故意に器物を損壊したときは、民法714条で、「責任無能力者を監督する法定の義務を負う者は、その責任無能力者が第三者に加えた損害を賠償する責任を負う」と定めているので、保護者が賠償責任を負うことになります。

次に、責任能力がある中学生が故意に器物を損壊したときは、中学生本人が賠償責任を負うことになりますが、窓ガラスの破損など、比較的少額の弁償ならともかく、修理費用が高額になる場合は、生徒自身に賠償する資力はありませんから、保護者の責任が問題となります。

民法には責任能力のある未成年者による不法行為について保護者に賠償責任を負わせる旨の規定はありませんが、最高裁判決（昭和49年3月22日）は「監督義務者の義務違反と当該未成年者の不法行為によって生じた結果との間に相当因果関係を認めうるときは、監督義務者につき民法709条に基づく不法行為が成立する」と判示しています。この判例の観点に立てば、責任能力のある未成年者の不法行為による損害について監督義務者である保護者が賠償責任を負うことになります。

Q83

校則で児童生徒に対し携帯電話、頭髪、服装などについて規制を
加えることはできますか。

A ○「割れ窓」の理論

　アメリカの犯罪学者ジョージ・ケリングが唱えた「割れ窓」の理論と
いう考えがあります。それは「建物の窓が壊れているのを放置すると、
だれも注意を払っていないという象徴になり、やがて他の窓もすべて壊
される」という論で、軽微な犯罪から徹底的に取り締まることで犯罪全
般を抑止できるとする理論です。

　この理論を生徒指導に応用したのが、アメリカのゼロ・トレランスの
考えです。ゼロ・トレランスとは、問題行動に対しあらかじめ基準を定
めておいて、それに違反したら、速やかに例外なく罰を与える。それに
より、児童生徒に責任を自覚させるという手法です。

　ゼロ・トレランスは、わが国でも生徒指導の在り方として、注目され
るようになりました。例えば、平成17年に文部科学省の専門家会議が
まとめた報告書「新・児童生徒の問題行動対策重点プログラム」は、「学
校内規律の維持を指向する『ゼロ・トレランス（毅然とした対応）方式』
のような生徒指導の取組みを調査・研究するなど、生徒指導体制の在り
方について見直しを図る」と提言しました。

　また、平成18年5月に国立教育政策研究所は「生徒指導体制の在り
方についての調査研究」報告書をまとめ、ゼロ・トレランスの考え方を
踏まえた生徒指導として、①学校は指導基準を明確にして、児童生徒や
保護者に周知する、②統一した指導基準に基づいて全教員が足並みを揃
えた指導を行う、③教員は「いけないことはいけない」と毅然とした態
度で粘り強く指導する、④指導を通じて事態が改善されない場合は、あ

らかじめ定められた基準に基づき、懲戒処分や出席停止の措置をとることを示しました。

○部分社会における規制

　ゼロ・トレランスでは、校則による児童生徒の規制が重視されます。では、校則の法的性質は、どう考えるべきでしょうか。

　校則については、学校教育法施行規則4条に「学則」に関する規定があるのみで、その法的性質などに関する規定はありません。校則は、行政法学では、営造物の利用規則と位置付けられています。

　学校など「公の施設」は、行政法学では「営造物」と呼ばれ、営造物管理者は、法律に特別の規定がなくても、①営造物の規則を制定し、②利用者にそれを守ることを指示し、③指示に反する利用者には懲戒を加えることができるとされています。

　営造物管理者がそうした権限をもつ根拠について、最高裁は、「部分社会論」で説明しています。すなわち、最高裁判決（昭和52年3月15日）は、大学と学生との法的関係について「大学は、国公立であると私立であるとを問わず……その設置目的を達成するために必要な諸事項については、法令に格別の規定がない場合でも、学則等によりこれを規定し、実施することのできる自律的、包括的な権能を有し、一般市民社会とは異なる特殊な部分社会を形成している」と判示しました。この判決は、大学に関するものですが、小・中・高校にも妥当します。

　校則は、教育目的を達成するために定められた部分社会における自律的な規則として、児童生徒に対して法的な規制を及ぼすことができるわけです。なお、私立学校の在学関係については、私法上の附合契約と解する説があります。附合契約では、学校当局が生徒に対し教育に必要な包括的な指示をすることができるとされています。

Q84

校内で暴力を振るうなど他の生徒の教育の妨げになっている生徒を出席停止にするには、どのような手続が必要でしょうか。

 ○義務教育の停止

Q81で述べた町田市立中学校事件では、もう1つ問題となったことがありました。それは、暴力を振るった生徒が、事件前に学級担任から「しばらく学校に来るな。自宅で謹慎してろ」と言われて、1か月ほど登校していなかった事実が明らかになったことです。

義務教育では国公私立を問わず、停学処分はできません（学校教育法施行規則26条4項）。その代わりというわけではありませんが、公立の小・中学校には出席停止の措置が認められています。

出席停止は、義務教育を一時的に停止する極めて重い措置なので出席停止の判断は、教育委員会の権限としています。学校管理規則などで権限を校長に委ねている場合は、校長が行いますが、個々の教師の判断で行うことはできません。また、出席停止を命ずるのは、児童生徒ではなく、保護者に対して行うものです。教師が生徒に「しばらく学校に来るな」と言って済むような措置ではありません。

町田市立中学校事件のとき、文部省（当時）が全国の実態を調べたら、義務教育で法令に基づかない自宅学習や自宅謹慎などの措置をとっているケースがかなりあることが判明しました。そこで、文部省は、昭和58年12月に、通知で出席停止に関する指針を示し、その運用の適正化を図りました。その後、平成13年に学校教育法が改正され、出席停止の要件と手続が整備された際、文部科学省は改めて通知「出席停止制度の運用の在り方について」（平成13年11月6日）を出しました。

○出席停止制度の運用

　出席停止制度のポイントは、次のとおりです。

　学校教育法 35 条は、市町村教育委員会は、性行不良で、他の児童生徒の教育に妨げがあるときは、その保護者に対して、出席停止を命ずることができると規定し、その要件として、①他の児童に傷害、心身の苦痛、財産上の損失を与える行為、②職員に傷害、心身の苦痛を与える行為、③施設・設備を損壊する行為、④授業などを妨げる行為の４つの類型を示しています。

　留意を要するのは、出席停止は、懲戒行為ではないということです。出席停止は、学校の秩序を維持し、他の児童生徒の教育を受ける権利を保障するためにとられる措置です。学校や教師は、制度の趣旨をよく理解して、日頃から児童生徒の規範意識を育む指導や、きめ細かな教育相談などを粘り強く行うことが大切です。

　出席停止の運用について、文部科学省は上掲の通知（平成 13 年 11 月 6 日）で、次の諸点を示しています。

(1)　出席停止の措置をとる場合、学校教育法 35 条に定める要件に該当するかどうかをよく吟味する必要があること。

(2)　出席停止に際しては、必ず児童生徒や保護者に告知し弁明を聴く機会をもつことが必要であること。

(3)　出席停止をする際は、理由及び期間を記載した文書を交付しなければならないこと。

(4)　出席停止の児童生徒に対し学習支援等が必要であること。

　出席停止で重要なことは、措置をとった後の児童生徒に対するケアーです。学校は、出席停止を受けた児童生徒が学校へ円滑に復帰できるよう、学級担任などが計画的かつ臨機に家庭への訪問を行い、読書課題を出すなどして指導を継続することが大切です。

Q85

学級担任は、児童虐待を受けていると思われる児童がいるときは、確証がなくても児童相談所などに通報すべきでしょうか。

 ○児童虐待の定義

児童虐待については、平成12年に児童虐待防止法（「児童虐待の防止等に関する法律」）が制定されました。この法律は、虐待を受けた児童の保護のための措置などについて定めています。

まず、児童虐待防止法は、児童虐待について、保護者（親権を行う者）が児童（18歳未満の者）に対し、次の行為を行うことと定めています（2条）。

(1) 児童の身体に外傷が生じ、又は生じるおそれのある暴行を加えること（身体的虐待）。

(2) 児童にわいせつな行為をすること、又はわいせつな行為をさせること（性的虐待）。

(3) 児童の心身の正常な発達を妨げるような著しい減食や長時間の放置など保護者としての監護を著しく怠ること（ネグレクト）。

(4) 児童に著しい心理的外傷を与える言動を行うこと（心理的虐待）。

児童虐待防止法の制定当初は、この4つの行為に限っていましたが、平成16年の法改正により、保護者による虐待だけでなく、「保護者以外の同居人による虐待」と「家庭における配偶者に対する暴力」が児童虐待行為に追加されました。

このように、児童虐待防止法が直接規制の対象としているのは、親や同居者の子どもに対する虐待行為です。教員の体罰は児童虐待防止法の対象とはなっていません（教師の体罰は学校教育法11条で禁止されています）。

○早期発見と通告義務

　児童虐待防止法は、学校の教師に対して、児童虐待の早期発見と通告の義務を課しています。

　まず、同法5条は「学校……の教職員……は、児童虐待を発見しやすい立場にあることを自覚し、児童虐待の早期発見に努めなければならない」と規定しています。

　学校の教員は、学校生活のみならず、児童生徒の日常生活面についても観察する機会が多く、児童虐待を発見しやすい立場にあります。教員はそのことを自覚して、児童虐待の早期発見に努めることが求められています。そのためには、学級担任、生徒指導担当教員、養護教諭、スクールカウンセラーなどが協力して、日頃から児童生徒の状況の把握に努めることが大切です。

　次いで、同法6条は「児童虐待を受けたと思われる児童を発見した者は、速やかに……福祉事務所若しくは児童相談所に通告しなければならない」と定めています。つまり、教職員は、虐待を受けたと思われる児童生徒を発見した場合、迅速に児童相談所や福祉事務所へ通告することが義務付けられているわけです。「早期発見」は努力義務ですが、「通告」は必ず行うべき義務であることに留意する必要があります。

　通告は、当初「児童虐待を受けた児童」に限定していましたが、平成16年の法改正で「児童虐待を受けたと思われる児童」と対象を広げました。教員は、児童生徒に接していて、虐待があるのではないかと疑念をもっても、事実の確認までは難しいことが少なくありません。しかし、確証がなくても、一般の人の目から見て児童虐待があったと推測される場合は、児童相談所などへの通告が必要です。児童虐待の通告は、守秘義務違反にはなりません。

$Q86$

校内で盗難事件が発生した場合、生徒の所持品検査をしたり、生徒を訊問したりしても差し支えないでしょうか。

 ○犯人探しは難しい

校内の盗難事件に頭を悩ます学校は少なくないと思います。学校では、犯人探しが難しいからです。教育は教師と児童生徒との信頼関係を前提にした営みですから、児童生徒を疑ってかかるわけにはいきません。捜査権のない学校の犯人探しには限界があります。

しかし、被害にあった児童生徒や保護者にしてみれば、学校が犯人を探してくれないことに不満をもつことになります。かといって、学校が犯人探しに取り組むと、今度は疑いをかけられた児童生徒の親から、わが子を犯人扱いにするのかと抗議がくることになります。

そこで、どうしても犯人を割り出したいなら、警察に被害届けを出して、捜査を依頼するよりありません。事実、校内で盗難にあった被害生徒が学校側の消極的な対応に不満を抱き、直接警察に被害届を出したら、警察が学校にやってきて、現場検証や指紋採集をしたため、学校側も本気になって盗難対策に乗り出したという話を聞いたことがあります。

○所持品の検査

盗難事件が発生したとき、まず、学校としてできるのは所持品検査でしょう。学校のような「特殊な部分社会」においては、一般市民社会とは異なり、合理的な範囲内で、児童生徒に対し必要な制約を課すことが法的に認められています（昭和52年3月15日最高裁判決）。したがって、学校は合理的範囲内で児童生徒の所持品検査を行うことは可能です。

しかし、所持品検査は、児童生徒のプライバシーや人権にかかわる問

題です。教師が児童生徒の所持品を検査する場合は、十分な教育的配慮の下に行う必要があることはいうまでもありません。

○児童生徒の訊問

次に、教師による訊問は可能なのでしょうか。この点について、高知県警の照会に対して、旧法務庁法務調査意見長官が答えた古い行政実例「児童懲戒権の限界について」（昭和23年12月22日）があります。

照会内容は、校内で盗難事件があった場合、①だれがしたかを調べるため関係児童を教員が訊問できるか、②訊問のため放課後に留め置くことは許されるかの2点です。

照会に対し法務調査意見長官（現内閣法制局長官）は、大要、次のように回答しています。

(1)　行為者を探し出してこれに適度の制裁を課することにより、本人ならびに他の児童を戒めて道徳心の向上を期することは、教育活動の一部であり、合理的な範囲内において、教師がこれを行う権限を有している。教師は訊問を行っても差し支えないが、訊問にあたって威力を用いたり、自白や供述を強制したりしてはならない。

(2)　訊問のために放課後児童を学校に留めることは、合理的な範囲内において許される。どれくらいの時間の留め置きが許されるかは、非行の性質、非行者の性行・年齢、留め置いた時間の長さ等を総合的に考察して判断すべきである。

法律的には、訊問は認められますが、教師と児童生徒の信頼関係を損なうことのないよう、慎重に行うべきです。

Q87

犯人探しのため、校内に防犯カメラを設置することは認められますか。

 ○隠しカメラで謝罪

　学校で盗難事件や嫌がらせ事件が起きた場合、犯人の特定は困難です。それが単発的事件ならまだしも、警戒を強めても、連続して事件が起きるようなときは、つい防犯カメラでも設置できないものかと考えるのは無理からぬところです。

　この頃は、街路、駅、銀行、本屋、スーパー、コンビニなどあらゆるところで、防犯用ビデオカメラが設置されています。防犯カメラを設置することは、それが盗撮など公序良俗に反する場合は別として、一般的には違法行為ではありません。しかし、それを学校がするとなると、世間の目には厳しいものがあります。

　平成 11 年に東京都下の小学校で体育やクラブ活動の時間に文房具や教科書、着替えの衣服などがなくなったり、ランドセルがナイフで切られたりする事件が頻発しました。そこで、学級担任が教室のテレビ台に段ボール箱を置き、中にビデオカメラを入れて、隠し撮りをしました。ビデオに犯人は映っていませんでしたが、児童が隠しカメラを見つけ、問題となりました。

　学級担任は、クラスの児童に「深く反省する」と謝罪し、校長も緊急父母会で「非教育的な方法で申し訳ない」と陳謝しました。隠しカメラの問題は、これまでに何回かメディアで報道されていますが、学校側の釈明と謝罪がパターン化しています。

○教育的に適切でない

　教育委員会がビデオカメラの設置を擁護したケースがあります。平成12年に鹿児島の中学校で特定の女子生徒のノートに本人を中傷する落書きが何回か書き込まれたり、嫌がらせの手紙や教科書を切られたりするなどの事件が続きました。学校は、女子生徒に対するいじめと認定し、いじめ解消のために様々な措置をとりましたが、いじめがやまないため、学級担任が、独断で教室前面に置かれたテレビのスピーカー内にビデオカメラを設置したところ、それを生徒が見つけ問題となりました。

　このときも、学級担任は学年の全生徒に隠し撮りを謝罪し、校長は、臨時PTA総会を開催し、保護者に教育的配慮に欠け、生徒や保護者に迷惑をかけたと謝罪しました。しかし、鹿児島県教育委員会は、次のようなビデオカメラの設置を是認する見解を示しました。

⑴　ビデオカメラの設置は、一般的に好ましいとは言えないが、校内の安全確保などやむを得ない場合、校長の判断により、そうした方法をとることもあり得ること。

⑵　その際、関係者のプライバシーや感情に配慮し、あらかじめ設置の趣旨・目的などを保護者等に説明し、できるだけ理解を得るようにする必要があること。

⑶　本件は、長期にわたるいじめの加害者を特定できないという深刻な背景があったが、事前に校長の判断をあおがず、保護者への説明を行わなかったといった点で配慮が足りなかったこと。

　校内に防犯用カメラを設置すること自体は違法ではありませんが、隠しカメラで児童生徒の行動を探るようなことは、児童生徒との信頼関係を損ない、プライバシーを侵害するおそれがあるので、教育的観点から適切な措置とはいえません。仮に設置するとしたら、保護者に説明しておくべきでしょう。

万引きをする生徒には、どのように指導すべきでしょうか。

○万引きは窃盗

　近年、全国的に万引きが増加しており、商店も学校もその対応に苦慮しています。かつて、勤務した中高一貫校で万引きをした生徒の指導に当たったことがありますが、生徒の万引きは、興味本位や出来心のものが多く、罪悪感の稀薄さが目立ちました。以下に万引きについて法的観点から考察してみましょう。

　第1に、万引きは犯罪です。万引きを興味本位の軽いノリで行う児童生徒がいますが、万引きは窃盗犯です。刑法235条は「他人の財物を窃取した者は、窃盗の罪とし、10年以下の懲役又は50万円以下の罰金に処する」と定めており、万引きはこれに該当します。このことは児童生徒によく教えておく必要があります。

　第2に、万引きはだれでも逮捕できます。刑事訴訟法は、現行犯は逮捕状なしで何人でも逮捕できると定めています（213条）。警察官でなくても、スーパーの店員でもできます。現行犯で逮捕した場合は、直ちに警察官に引き渡すこととなっています（214条）。しかし、実際は、万引きをした児童生徒を捕まえると、店側は、警察に引き渡さないで、家族や学校に本人を引き取るよう連絡してくるケースが多いです。

　第3に、代金を払っても既遂罪となります。万引きをした児童生徒の中には、捕まっても「その場で品物を返せばいい」とか「代金を払えば盗んだことにならない」と思っている者がいます。しかし、品物を返しても、後から代金を払っても、窃盗罪の違法性は阻却されません。

　第4に、刑事罰は示談で解決できません。民事上のトラブルなら当事者間の合意で解決するいわゆる示談もあり得ますが、刑事罰について示

談はあり得ません。ただし、実際は、保護者が店に詫びを入れ、代金を支払い、店側がそれを受け入れて被害届を出さないケースが多いようです。被害届が出なければ、通常、警察も窃盗罪としては扱いません。

○規範意識の涵養

　万引きは学校外の非行であり、基本的に家庭の責任ですが、児童生徒の起こした万引き事件については、生徒指導上の問題として、学校も積極的にかかわる必要があります。とくに万引きは「初発型非行」と呼ばれるように、非行化のきっかけになりやすいので、万引きについては、学校の初動指導が重要となります。

　万引きをした児童生徒にどのような措置をとるかは、学校の判断です。通常は何らかの懲戒処分を行うことになりますが、学齢児童生徒については、停学処分はできません。学齢児童生徒について校内謹慎ないし教育的措置としての自宅謹慎をする学校もあるようですが、停学に相当する処分は認められないので注意を要します。

　万引きをした児童生徒が、保護者や教師から厳しい注意を受け、本人も深く反省するときは、一回限りで止まるのが普通です。しかし、十分反省しなかったり、発覚しないまま習慣化すると、エスカレートして窃盗の常習犯になるおそれがあります。

　万引きを防止するには、規範意識の涵養が欠かせません。規範意識は児童生徒の中で自然に芽生えるものではなく、保護者や教師が教え込むことによって、児童生徒の中で内面化することになります。世の中には「してよいこと」と「悪いこと」があることをしっかりと教え込むことが重要です。

Q89

生徒指導の過程で生徒の犯罪行為を知った場合、教師は生徒を告発すべきでしょうか。

 ○大麻所持を告白

まず、具体的事例から見ていきましょう。

平成26年に埼玉県の高校生らが大麻を買うため盗みを繰り返して逮捕されました。その中の一人の男子生徒（3年生）は、前年に万引きを行って生徒指導を受けている過程で、教師に大麻の使用を告白し、大麻を教師に渡していました。学校は大麻を1週間保管した後、生徒の親に渡し、警察には通報しませんでした。学校は生徒を謹慎処分とし、生徒と母親に自首を勧めましたが、生徒は自首しないまま、翌年に警察に逮捕されたという事件です。逮捕後、学校が生徒の大麻所持を通告しなかった事実を知った警察は、学校の対応が不適切だったとして、口頭で学校に注意をしています。

万引きは、刑法235条に定める窃盗罪です。また、大麻の所持は、大麻取締法24条の2の「大麻を、みだりに、所持……した者は、5年以下の懲役に処する」という規定に該当する犯罪です。生徒指導の過程で、こうした生徒の犯罪行為を知ったとき、教員は生徒を告発すべきでしょうか。

告発とは、犯罪があると知った者が警察や検察に申告し、捜査や訴追を求めることです。刑事訴訟法239条2項は、「官吏又は公吏は、その職務を行うことにより犯罪があると思料するときは、告発をしなければならない」と規定し、公務員が職務遂行中に犯罪の事実を知ったとき、告発する義務がある旨を定めています。

○告発しない選択も

　こうしてみると、法令上、公務員である公立学校の教員は、生徒の犯罪の事実を知ったときは、告発しなければならないということになりますが、実は、必ずしもそうではありません。

　刑事訴訟法が公務員の告発義務を定める趣旨は、公務員の適正かつ公正な職務執行を求めることにあります。例えば、徴税に携わる公務員が脱税を発見した場合、それを見逃すことは、職務の適正性や公正性を損なうから、必ず告発しなければなりません。

　しかし、学校の教員が生徒指導の過程で犯罪行為があることを知った場合、教育的配慮から告発をしない選択の余地はあります。この点について、安冨潔教授（慶應義塾大学）は、「告発を行うことが、当該公務員の属する行政機関にとってその行政目的の達成に重大な支障を生じ、そのためにもたらされる不利益が、告発をしないで当該犯罪が訴追されないことによる不利益より大きいと認められるような場合には、行政機関の判断によって、告発しないこととしても、この規定には違反しないものと解される」（『刑事訴訟法』三省堂、2009）と解説しています。

　教員の職務は、生徒を正しく導くための教育指導にありますから、生徒の犯罪を知った場合、告発するよりも教育的指導を優先すべきだと考えることには合理的理由があります。

　生徒指導中に生徒が万引きや大麻の所持を告白した場合、教員が直ちに警察に告発するようでは、生徒との信頼関係を裏切ることになり、以後の生徒指導が難しくなります。教員の告発義務の履行については、教育的配慮に基づく裁量が認められるべきでしょう。

　仮に生徒の行為が放置できない重大な犯罪であるときは、教員は保護者に伝え、生徒を説得し、自首させるべきでしょう。

Q90

生徒の非行防止について学校と警察との連携が求められています
が、生徒の個人情報を警察に提供することは、個人情報の保護や公
務員の守秘義務に反しませんか。

A ○学校と警察の連携

　学校も警察も児童生徒の健全育成を図る点において同じ役割を果たし
ています。したがって、児童生徒の問題行動の対応に当たって、学校と
警察が連携することは重要であり、そのために児童生徒の個人情報を共
有することが必要とされています。

　学校と警察の連携は、昭和38年に文部省（当時）と警察庁が協議して、
相互の協力関係の強化を申し合わせたことに始まります。両省庁は、そ
れぞれ通知を出し、地域の実情に応じて、学校警察連絡協議会や補導連
絡会などの組織を設けて、学校と警察との連絡の強化を図ることを促し
ました。

　その後、平成9年、平成14年にも、文部科学省は、学校と警察の連携
の強化を求める通知を出していますが、平成27年2月に起きた川崎市の
中学生殺害事件を受けて、通知「連続して欠席し連絡が取れない児童生
徒や学校外の集団との関わりの中で被害に遭うおそれがある児童生徒の
安全の確保に向けた取組について」（平成27年3月31日）を出しました。

　この通知では、被害に遭うおそれがある児童生徒の安全の確保に向け
て、日頃から地域住民や関連機関などとの連携・協働体制の構築が重要
であるとし、とくに学校と警察との間における連携の枠組みの設定や連
携に関する協定の締結などを要請しています。

　もちろん、学校と警察の連携は、協定の締結をもって終わるものでは
ありません。学警連携をより実効性のあるものとするためには、不審者

情報を含めた学校安全全般について情報交換を行い、日頃から学校と警察署などとの連携を行うことが重要です。

○個人情報の第三者提供

ところで、学校が児童生徒の個人情報を警察に提供する場合、個人情報保護条例上の保護義務や公務員法上の守秘義務との関係が気になります。そこで、この点について見てみましょう。

まず、個人情報保護の問題です。公立学校の個人情報の保護については、個人情報保護条例が適用されますが、個人情報保護条例は、個人情報保護法とほぼ同じ内容となっているので、ここでは個人情報保護法に基づいて説明します。

個人情報保護法は、本人の同意なしで個人情報を第三者に提供することを禁止していますが、例外として、「児童の健全な育成の推進のために特に必要がある場合」は、同意を要しないとしています（23条1項3号）。この点について、内閣府の個人情報保護委員会が策定した「個人情報保護法ガイドライン（通則編）」（平成28年11月）は、本人の同意なしで個人情報を第三者に提供できる事例として、「児童生徒の不登校や不良行為等について、児童相談所、学校、医療機関等の関係機関が連携して対応するために、当該関係機関等の間で当該児童生徒の情報を交換する場合」を挙げて、関係機関への情報提供が個人情報保護法に反しない旨を示しています。

次に、守秘義務の問題です。地方公務員法は、職務上知り得た秘密を漏らしてはならないと定めていますが（34条）、法令で守秘義務が定められている者（教員も警官もこれに該当します）の間の情報共有は、情報を共有する機関や個人がともに同じ目的を達成する場合であれば、個人情報を提供しても、直ちに法令上の秘密漏えいには該当しないと解されています。

Q91

学校は児童生徒が携帯電話を持ち込むことを禁止できますか。禁止できる法的根拠は何ですか。

A ○小・中学校では原則禁止

文部科学省は、平成21年に通知「学校における携帯電話の取扱い等について」（平成21年1月30日）を出し、学校における携帯電話の持込みについて、次のような方針を示しました。

(1)　小・中学校においては、学校への児童生徒の携帯電話の持込みについては、原則禁止とすべきである。やむを得ない場合は、例外的に持込みを認める。

(2)　例外的に認める場合には、校内での使用を禁止し、学校で一時的に預かり下校時に返却するなど、教育活動に支障がないよう配慮する。

(3)　高校については、基本的に同じだが、携帯電話の持込みを禁止しない場合は、校内における使用を制限すべきである。

その後、児童生徒への携帯電話の普及が進むとともに、災害時や児童生徒が犯罪に巻き込まれたときなどに、携帯電話を緊急時の連絡手段として活用したいという要請が高まってきました。このため、文部科学省は有識者会議を設置し、上記通知の見直しを検討し、令和2年7月に新たな通知「学校における携帯電話の取扱い等について」（令和2年7月31日）を出しました。新通知が示す方針は、次のとおりです。

(1)　小学校については、原則として持込み禁止とし、個別の状況に応じて、やむを得ない場合は例外的に認める（平成21年通知に同じ）。

(2)　中学校については、原則として持込み禁止とし、個別の状況に応じて、やむを得ない場合は例外的に認めるが（平成21年通知に同じ）、一定の条件のもとに、学校単位または教育委員会単位で持込みを認

める。「一定の条件」とは、①生徒が自ら律するルールを学校・生徒・保護者が協力して作ること、②学校における管理方法や紛失等のトラブルが発生した場合の責任の所在が明確にされていること、③フィルタリングが保護者の責任で適切に設定されていること、④携帯電話の危険性や正しい使い方の指導が学校・家庭で適切に行われていること。

(3)　高等学校については、校内における使用を制限すべきこと（平成21年通知と同じ）。

○規制できる法的根拠

　では、学校が児童生徒の携帯電話の持込みを規制する法的根拠は何でしょうか。学校への携帯電話の持込みを規制する法令の規定はありません。しかし、法令に格別の規定がなくても、学校は在籍する児童生徒に対し、教育上必要な制約を課すことができます。その根拠については、前にも述べた「部分社会論」です。

　部分社会論については、すでに説明しましたが、最高裁判決（昭和52年3月15日）の「大学は……その設置目的を達成するために必要な諸事項については、法令に格別の規定がない場合でも、学則等によりこれを規定し、実施することのできる自律的、包括的な権能を有し、一般市民社会とは異なる特殊な部分社会を形成している」と判示した理論をいいます。これは大学に関する判決ですが、小・中・高校においても妥当します。つまり、学校のような「特殊な部分社会」においては、児童生徒の携帯電話の持込みについて、学校は必要な制約を課すことができるわけです。

　部分社会論は、携帯電話の持込み禁止の校則がある場合、持込みがないかどうかをチェックするため、合理的範囲内で児童生徒の所持品検査を行うことができる法的根拠でもあります。

Q92

校則で生徒の茶髪を規制することはできますか。

A ○茶髪規制のトラブル

ひと頃、頭髪をめぐる問題といえば、もっぱら丸刈りの是非でしたが、最近は茶髪やパーマなどが問題となっています。生徒指導の立場からいえば、頭髪や服装の乱れは問題行動につながる傾向があるだけに、頭髪や服装の規制を必要と考える教師は少なくありません。

平成16年、宮城県立高校に在学していた女子生徒が、教師から「髪が赤いから染め直せ」と指導され、生まれつきの頭髪だと説明したにもかかわらず、聞き入れられず、再三にわたり黒くするよう指導され、ついには、副担任の女性教師から黒色の染色スプレーを吹き付けられ、余儀なく自主退学をしました。そして、県を相手に慰謝料など計550万円の損害賠償を求める裁判を起こしました。

類似の事件としては、愛知県立高校で、金色に染めた女子生徒の頭髪を生徒指導担当の男性教諭が黒い染髪スプレーで強制的に染め直したのが体罰に当たるのではないかと問題になったケース（平成16年2月19日付「毎日新聞」）や、兵庫県の市立中学校で、教師が茶髪の生徒5人の髪の毛を市販の毛染め薬で黒く染めたところ、アレルギー体質の女子生徒の頭皮がただれ、全治1週間と診断されて、学校側が生徒と保護者に謝罪したケース（平成14年9月13日付「毎日新聞」）などがニュースとなりました。ニュースにならないまでも、似たような話はあちこちにあることでしょう。

こうしたニュースを目にするとき、日本ならではの問題だと思います。というのは、日本人の髪はほとんどが黒一色ですから、こうした問題が起きるわけで、赤毛、栗毛、金髪など多様な色の髪をもつ欧米ではあり

得ない話だからです。

○裁判所は規制を是認

　生徒の服装や髪型は、個人のライフスタイルにかかわるものだから、規制は表現の自由に反するとする見解もありますが、裁判所は、学校が生徒の髪型を規制することは「社会通念上、不合理とはいえない」として、規制を是認しています。

　髪型規制で最初に裁判になったのは、公立中学校の生徒と保護者が、校則で丸刈りを強制するのは憲法違反と訴えた事案です。熊本地裁判決（昭和60年11月13日）は、「生徒の服装等について規律する校則が……教育を目的として定められたものである場合には、その内容が著しく不合理でない限り、右校則は違法とはならない」として、丸刈り校則を適法と判示しました。

　また、私立高校の女子生徒が校則に違反してパーマをかけたことなどを理由に自主退学させられたのは不当として訴えた事案について、東京地裁判決（平成3年6月21日）は、「高校生にふさわしい髪型を確保するためにパーマを禁止することは……不必要な措置とは断言できず……髪型決定の自由の重要性を考慮しても、右校則は、髪型の自由を不当に制限するものとはいえない」として、パーマ禁止の校則を適法と判示しています。

　しかし、冒頭のケースのように、生まれつきの頭髪を、教員がスプレーを吹き付けて、強制的に黒髪にしたとなると、だれもが行き過ぎと考えるでしょう。この裁判では、県教育委員会が「教育的配慮に欠けた」と生徒に謝罪し、50万円を支払って和解しています。

　近年、丸刈り校則を維持する学校はほとんどなくなりました。茶髪を許容する時代もいずれ来るでしょうか。

Q93

子役で出演する場合、中学生の夜間出演は認められますか。

　○芸能タレント通達

　労働基準法は、原則として、満15歳に満たない年少者の就労を禁止していますが（56条1項）、例外として、軽易な業務に限り、労働基準監督署の許可を条件に、満13歳以上の児童の就労を認めています。とくに映画や演劇の子役については、満13歳未満でも修学時間外の出演を許容しています（56条2項）。

　ただし、この場合も深夜時間帯の就労を禁止しています。すなわち、満18歳未満の年少者については、午後10時から翌日午前5時までを、また満15歳未満の者については、午後8時から翌朝5時までを、それぞれ深夜時間帯として、就労を禁止しています（61条1項、5項）。

　こうした子役の就労制限に対して、かねてから演劇関係者から不満が出ていました。というのは、演劇などで夜の部の公演が終了するのは、通常、午後9時を過ぎるからです。子役の就労は、午後8時までしか認められていませんから、最後のカーテンコールの際、子役は舞台に立てず、カーテンコールはまだしも、演目によっては、子役が最初から最後まで舞台に立つ役柄があり、これが認められないとなると、子役が出演する夜の部の公演は不可能となります。

　ただ、これには例外があります。それは通称「芸能タレント通達」と呼ばれる旧労働省が出した行政実例です。その行政実例（昭和63年7月30日）によれば、次の要件に該当する場合は、子役でも午後8時以降の公演を認めています。

　(1)　当人の提供する歌唱、演劇等が基本的に他人によって代替できず、芸術性、人気等当人の個性が重要な要素となっていること。

(2)　当人に対する報酬は、稼働時間に応じて定められるものではないこと。

(3)　リハーサル、出演時間等スケジュールの関係から時間が制約されることはあっても、プロダクション等との関係では時間的に拘束されることはないこと。

(4)　雇用形態が雇用契約ではないこと。

　労働基準監督署がこの行政実例に該当すると認定するのは、だれもが知っている有名タレントに限られており、一般の演劇の子役には適用されないため、演劇関係者の間では、「うちの子役だって、何か月もの厳しいレッスンを受けた特別の才能をもった子どもなのに、なぜ認めないのか」と、「芸能タレント通達」に対する批判が絶えませんでした。

○夜間出演時間の延長

　そこで、平成15年9月4日に厚生労働省は、新たに演劇などで15歳未満の子役が出演できる時間を午後8時から午後9時に延長する方針を示しました。

　きっかけは構造改革特区における規制緩和の要請です。横浜市は構造改革特区として、みなとみらい地区などを中心に「文化芸術創造交流特区」の申請を行い、特区内では満15歳に満たない子役の就業可能時間の延長（午後8時を午後10時に）を求めました。

　当初、厚生労働省は「児童の福祉を阻害する」などとして消極的でしたが、特区担当相と厚生労働相が話し合った結果、この問題は特定の地域だけの措置にはなじまないとして、全国一律に就労時間を1時間延長することにしました。これだと最終のカーテンコールにも間に合うことになります。

Q94

性同一性障害をもつ児童生徒について、学校はどのように対応すべきでしょうか。

A ○性同一性障害の特例法

性同一性障害については、平成15年に「性同一性障害者の性別の取扱いの特例に関する法律」（以下「特例法」）が制定されています。特例法のポイントは、次のとおりです。

まず、特例法は、性同一性障害とは、①心理的に生物学的性別とは別の性別であるとの確信を持ち、②自己を身体的・社会的に他の性別に適合させようとする意思を有する者で、③2人以上の医師の診断が一致しているもの、と定義しています（2条）。

次に、特例法は、性同一性障害者であって、①20歳以上であること、②現に婚姻をしていないこと、③現に未成年の子がいないこと、④生殖腺がないか、生殖腺の機能を永続的に欠く状態にあること、⑤他の性別の性器に近似する外観を備えていること、の各号のいずれにも該当する場合、家庭裁判所は、本人の請求（医師の診断書が必要）によって、性別変更の審判をすることができると定めています（3条）。

さらに、特例法は家庭裁判所で性別の取扱いの変更の審判を受けた者は、法令の規定の適用について、他の性別に変わったものとみなすと定めています（4条）。

○性同一性障害の文部科学省通知

特例法は、成人の性同一性障害の扱いについて定めていますが、未成年者についてどう扱うべきかが問題となります。

文部科学省は、通知「性同一性障害に係る児童生徒に対するきめ細か

な対応の実施等について」（平成27年4月30日）を出して、学校における性同一性障害の扱いについて、次のような対応方針を示しています。

　第1は、学校における支援体制です。性同一性障害に係る児童生徒の支援は、相談を受けた者だけで抱え込むことなく、組織的に取り組むことが重要であり、学校内外に「サポートチーム」を作り対応を進める必要があります。

　第2は、学校生活における支援です。全国の学校において取り組みが行われている事例を紹介して、各学校の支援の参考に供しています。その具体例は、次のとおりです。

　〔服　　装〕自認する性別の制服・衣服や、体操着の着用を認める。

　〔髪　　型〕戸籍上男性に標準より長い髪型を一定の範囲で認める。

　〔更衣室〕保健室・多目的トイレ等の利用を認める。

　〔トイレ〕職員トイレ・多目的トイレの利用を認める。

　〔呼　　称〕校内文書（通知表を含む）を児童生徒が希望する呼称で記す。自認する性別として名簿上扱う。

　〔授　　業〕体育、保健体育において別メニューを設定する。

　〔水　　泳〕戸籍上男性に上半身が隠れる水着の着用を認める。補習として別日に実施、又はレポート提出で代替する。

　〔運動部活動〕自認する性別に係る活動への参加を認める。

　〔修学旅行等〕1人部屋の使用を認める。入浴時間をずらす。

　〔卒業証明書等〕卒業後に法に基づく戸籍上の性別変更等を行った場合は、当該者が不利益を被らないよう適切に対応する。

　これらの措置をとる際は、周りの子どもの理解も必要です。学校にとって性同一性障害への対応は難しい課題となっています。

　文部科学省は、教職員向け周知資料として「性同一性障害や性的指向・性自認に係る、児童生徒に対するきめ細かな対応等の実施について」（平成28年4月）を公表しています。

第IV章

学校運営のコンプライアンス

Q95

学校の緊急連絡網やクラス名簿を作成・配付することは、個人情報保護条例に違反しますか。

 ○同意を得ればできる

学校行事の中止や変更あるいは災害などの不測の事態に対処するため、学校が子どもや保護者に緊急に連絡をしなければならないことは少なくありません。そんなとき、以前は電話の連絡網を利用していましたが、最近は学校から直接各家庭にメール等で知らせる方法をとり、連絡網を廃止する学校が多くなりました。このため、クラスメイトがお互いの住所や電話番号が分からないので不便だという声も少なくありません。

個人情報保護法や個人情報保護条例は、緊急連絡網やクラス名簿の作成を禁止しているのでしょうか。

自治体が定める個人情報保護条例は、自治体により若干の違いがありますから、ここでは条例のモデルとなる個人情報保護法に基づいて見てみましょう。

個人情報保護法23条は、「個人情報取扱事業者は……あらかじめ本人の同意を得ないで、個人データを第三者に提供してはならない」と規定しています。この規定は、逆にいえば、本人の同意を得れば、緊急連絡網やクラス名簿を作成することは問題がないことを意味しています。

この点について、内閣府の個人情報保護委員会が作成した「個人情報保護法ガイドラインに関するQ＆A」では、「学校、自治会・町内会、同窓会、PTA等は本人に対し利用目的を明示した上で、個人情報を取得し、名簿を作成することが可能です」と示しています。

○本人の同意を得る方法

　本人の同意を得る方法としては、①生徒や保護者などへの案内などで、取得した個人情報を緊急連絡網として相互に共有することを明示し、同意を得た上で、所定の用紙に必要な個人情報を記入・提出させる方法、②生徒や保護者などを集めた会合での配付資料や連絡プリントなどで、これらの者の個人情報を緊急連絡網として相互に共有することを明示し、同意する旨の書面を提出させる方法などが考えられます。

　では、子どもや保護者で同意しない者がいるときは、どうしたらいいのでしょうか。同意しない者があれば、その子どもや保護者を除外した名簿とするよりありません。その場合、不同意の人が多ければ、名簿の意味はなくなります。

　将来、個人情報保護法の改正により、学校の名簿作製などについて本人の同意を要しない例外措置とされれば別ですが、現行法では保護者間に緊急連絡網などの名簿を配付することは、第三者への個人データの提供に該当するということになっているので、学校だけその例外とするわけにはいきません。

　学校としては、名簿の作成部数と配付先を限定し、各家庭での厳格な管理と年度末に確実に破棄する手続などを定めて、保護者の同意を得る努力をすることが必要です。

　なお、卒業アルバムに学校行事の写真を載せる場合、写真の中に写っている児童生徒一人ひとりについても同意が必要かという問題がありますが、学校行事で撮影された集合写真は、通常、特定の個人情報を識別できるものとはいえないので、卒業アルバムに載せることについて、一人ひとりの同意を求める手続は必要ないと解されています。

Q96

職場の不正行為を告発した場合、告発者が不利益を受けることはありませんか。

A ○公益通報者の保護

　内部告発というと、「密告」とか「裏切り」という暗いイメージでとらえられがちです。このため、告発者は、組織内で嫌がらせを受けたり、人事などで不利益な扱いを受けたりすることが少なくありません。

　そこで、平成16年に公益のために通報する者を保護する「公益通報者保護法」（以下「通報者保護法」）が制定されました。法律のポイントは、次のとおりです。

　まず、公益通報として法律の保護を受けるのは、刑罰規定に違反する行為の通報です。通報者保護法は、公益通報の対象となる刑罰を規定する法律として、刑法、食品衛生法、証券取引法、JAS法、大気汚染防止法、廃棄物処理法、個人情報保護法の他、「その他政令で定める法律」としています。この政令で定める法律の中に学校教育法、教育職員免許法、著作権法などが入っています。

　次に、通報者保護法は、公益通報者の保護について定めています（3条、5条）。法律が定める保護の内容は、1つは、公益通報をしたことを理由とする解雇を無効とすること、もう1つは、その他の不利益な取扱い（降格、減給など）を禁止することです。

○不正目的は保護しない

　ただし、通報者に対する解雇を無効とするのは、公益通報が一定の要件を満たす場合です。これは通報先によって異なります。

　第1は、通報先が事業者内部（勤務先）の場合。この場合の通報者を

保護する要件は、通報が「不正の目的でないこと」（誠実性）が必要です。金品を要求したり、他人をおとしめることを目的とする通報は保護されません。公立学校の教職員についていえば、学校の管理職や教育委員会への通報がこれに該当します。教育委員会では、通報の窓口や手続、対応措置などを明らかにしています。

　第2は、通報先が行政機関（所管官庁、警察など）の場合。この場合の保護要件は、「誠実性」に加えて、「通報内容が真実であると信ずるに足りる相当の理由」（真実相当性）があることが必要となります。信ずるに足りる理由とは、通報の事実が単なる伝聞でなく、それを裏付ける内部資料などがある場合です。

　通報先の行政機関は、通報内容について調査を行い、事実の有無を確認し、その是正を行う権限を有する行政機関でなければなりません。県費負担教職員の場合は、都道府県教育委員会、文部科学省、所轄の警察署、検察庁などがこれに該当します。

　第3は、通報先が外部（マスコミ、消費者団体、労働組合など）の場合。この場合の保護要件は、誠実性と真実相当性に加えて、①内部通報では証拠の隠滅のおそれがあること、②内部通報後20日以内に調査を行う通知がないこと、③人の生命・身体への危害が発生するおそれがあること、のいずれかの要件に該当する必要があります。保護要件を厳しくしているのは、マスコミなどに通報がなされることによって風評被害など当事者の利益が不当に侵害されることを避けるためです。

　通報者が公務員の場合、公務員法上の守秘義務との関係が問題となりますが、公益通報の対象は、犯罪行為や法令違反行為という反社会性が明白な行為であり、秘密として保護するに値しないと考えられますから、守秘義務違反を問われることはありません。

Q97

卒業記念として卒業生の保護者から学校が備品などの寄贈を受けることに法令上の制約がありますか。

 ○公費負担転嫁を禁止

学校を訪ねると、よく「第20期卒業生寄贈」などと書かれた大時計やピアノなどを見かけます。長年お世話になった母校に感謝の気持ちを込めて、卒業生が備品などを寄付することは悪いことではありません。しかし、スクール・コンプライアンスの観点からは、卒業生の寄付といえども問題がないわけではありません。

学校が保護者からの寄付を受けるに当たっては、まず、地方財政法の制約があります。地方財政法は、国の財政と地方の財政との関係に関する基本原則を定める法律ですが、その中に公費について住民への負担転嫁を禁止する規定が3か条定められています。

第1は、市町村立学校に関する規定です。地方財政法27条の4は、「市町村は、法令の規定に基づき当該市町村の負担に属するものとされている経費で政令で定めるものについて、住民に対し、直接であると間接であるとを問わず、その負担を転嫁してはならない」と定め、同法施行令52条で、小・中学校の教員給与費と建物の維持修繕費について住民への負担転嫁を禁止しています。

第2は、都道府県立学校に関する規定です。地方財政法27条の3は、「都道府県は、当該都道府県立の高等学校の施設の建設事業費について、住民に対し、直接であると間接であるとを問わず、その負担を転嫁してはならない」と規定しています。

戦後、新学制の発足に伴い、新たに中学校と高等学校を整備するために莫大な経費を要したことから、自治体によっては、やむなく住民に寄

付を求めるケースが少なくありませんでした。それが公費の住民への負担転嫁であるというので社会問題となり、地方財政法に上記の禁止規定が設けられたわけです。

卒業記念で児童生徒や保護者が学校に寄付する備品の類は、通常、これらの条文で禁止する事項には該当しません。したがって、学校が卒業記念で備品などの寄付を受けても、地方財政法に抵触することはありません。しかし、寄付の内容が施設の整備にかかわるようなものであるときは、地方財政法違反の問題が生ずるおそれがあります。例えば、ある県立高校で創立20周年記念として、保護者などから7,000万円余を集め、陸上トラックの造成と校舎壁画などの整備を行ったことが、地方財政法違反で問題になったことがありました。

○強制割当寄付を禁止

第3は、寄付の強制割当の禁止規定です。地方財政法4条の5は、「地方公共団体は……住民に対し、直接であると間接であるとを問わず、寄附金を割り当てて強制的に徴収するようなことをしてはならない」と定めています。

この規定は、公立学校に対しても適用がありますから、卒業記念品の寄付は、あくまでも児童生徒や保護者の任意な意思に基づくものでなければなりません。寄付するかどうか選択の余地のないまま、学校が寄付の徴収を強制するようなやり方は、地方財政法で禁止する寄付金の強制徴収に該当するおそれがあります。

しかし、この規定は、住民の自発的意志に基づく寄付まで禁止するものではありません。寄付が強制を伴うものでなく、寄付者の任意の意思により集められるものであれば、地方財政法の規定に抵触することはありません。

Q98

教育委員会によっては、卒業記念の寄付について、学校に自粛を求める通達を出していますが、これはなぜですか。

 ○教委通達で寄付禁止

教育委員会が学校に対して卒業記念の寄付の自粛を求める通達を出しているのは、学校教育法に基づく措置といえましょう。

学校教育法５条は、「学校の設置者は、その設置する学校を管理し、法令に特別の定のある場合を除いては、その学校の経費を負担する」と規定しています。この規定は、学校運営に必要な経費は、県費負担教職員の給与費など法律に特別の定めがある場合以外は、すべて設置者が負担するという原則を定めています。

つまり、学校教育法は、学校施設の整備のみならず、備品の類も設置者が負担することを定めているので、公立学校への寄付が地方財政法に抵触しない場合でも、保護者に負担を課すようなことは好ましくないということになります。

そこで、教育委員会によっては、保護者に経費負担を強いるおそれのある卒業記念の寄付についても自粛を求める指示を行っているわけです。例えば、東京都教育委員会は、もう50年も前から、卒業生からの寄付を禁止しています。すなわち、都教委通達「卒業記念品の取り扱いについて」（昭和47年11月15日）は、卒業記念品は母校の設備、備品の不足を補うものであるから、「私費負担解消の原則からみて好ましくない」とし、「生徒に対し卒業記念品を受領しない旨事前に十分指導すること」を各学校に要請しています。

○旅費の PTA 負担

　卒業記念品以外に、保護者からの寄付が問題となったケースとして、こんなケースがあります。

　公立中学校の PTA が進路対策費として、3年生の保護者から毎月数千円を集め、進路指導の担当教員が県内の高校に打ち合わせに出かける際の出張旅費として提供していました。これが明るみに出て、本来、公費で支出すべき公務出張旅費を PTA の寄付で賄うのはおかしいという批判が起きました。

　地方自治法は、地方公共団体は公務のため旅行する職員に必要な費用を支給しなければならないと定めています（204条）。中学校の教員が進路指導で、県内の高校を訪問するのは、公務として行うものですから、当然、それは校長の出張命令に基づいて行われ、その経費は正規の学校予算から支出されなければならなりません。したがって、PTA がその旅費をたとえ寄付の形であれ、負担するのは筋が通りません。

　これは、いわれなくても、分かっていることですが、校長としては、学校の旅費予算が足りないため、やむを得ず PTA の寄付に依存せざるを得なかったのでしょう。

　そうした場合も、PTA 負担は一切許されないのでしょうか。

　前述のように、地方財政法は、教員の給与や学校の維持修繕に要する経費を住民に負担転嫁させることを禁止していますが、旅費については明文の禁止規定はありません。つまり、PTA が旅費の一部を寄付することを、直接禁止する規定はないわけです。

　公費で負担すべき経費を保護者に負担させることは、公教育の在り方として適切ではないことはすでに述べたとおりです。文部科学省の通知も教員の出張旅費を保護者に負担させてはならないと示しています（*Q18* 参照）。

Q99

仕事が忙しいのでPTAへの加入を辞退したいと申し出た保護者がいますが、これは認めなければならないでしょうか。

 ○ PTAは社会教育団体

　周知のように、PTA（Parent Teacher Association）は、保護者と教職員により組織される教育関係団体です。第2次大戦後、GHQ（占領軍総司令部）の指導により、アメリカで行われているPTA活動をモデルとして、「父母と先生の会」が全国の学校（大学を除く）で組織されました。

　しかし、PTAの組織や事業などについて定める教育法令の規定はありません。PTAの法的な位置付けは、社会教育法10条に定める「社会教育関係団体」の1つであり、学校とは別個の独立した組織体です。

　法令の規定がないこともあって、これまでもPTAへの加入の任意性をめぐって、例えば、子どもが学校に入学すると、PTA加入の意思の確認をしないまま、自動的にPTA会員とされてしまう、退会したいと思っても全員参加が決まりだとして認めてもらえない、そもそもPTA規約には退会に関する規定がない——などの問題点が指摘されています。

　文部科学省は早くからPTAへの加入は任意である旨を示してきました。例えば、昭和29年に社会教育審議会が「父母と先生の会（PTA）参考規約」をまとめ、それを文部省（当時）が全国の学校に流していますが、同規約6条では、児童の保護者と教職員を「会員となることのできる者」と規定し、同規約の「備考」で、「会員となることのできる者」と規定しているのは、「自由入会の精神」を示すものと述べ、PTAの会員になることは「個人個人の由由であって、いささかも強制があってはならない」と注記しています。

○任意加入が原則

　PTA加入の任意性について、木村草太教授（東京都立大学）は、①PTAは、趣旨に賛同する人が自由に結成するもので（結社する自由）、望まない人に加入を強制してはならない（結社しない自由）というのが憲法上の原則であること、②強制加入制度が許されるのは、公益上の必要があり、かつ、法律の根拠がある場合（健康保険組合など）に限られることを指摘した上で、「教育基本法にも学校教育法にも、加入を義務付ける規定がない以上、PTAは法的には任意加入の団体である。従って、強制・自動加入を定める規約や慣習があっても、法的には無効になる」と論じています（平成25年4月23日付「朝日新聞」文化面）。

　これは正当な解釈です。PTAの運営に当たっては、PTAが学校から独立した別組織であることを認識することが重要です。保護者からPTAへの非加入の申し出がある場合、加入を説得する必要はありますが、最終的には非加入を認めざるを得ません。

　ただし、この問題をめぐって次のような判決があることを付言しておきます。

　熊本市内の保護者がPTAに強制加入させられたのは不法であるとして、PTAを相手取り、納入した会費と慰謝料の計約20万円の支払いを求める訴訟を熊本地裁に起こしました。熊本地裁判決（平成28年2月25日）は、原告がPTAのパンフレットを受け取り、会費納入袋を使用して会費を納入し、被告（PTA）がこれを受領した時点で、「原告と被告との間で入会についての黙示的な申込みと承諾の合致があったものと認められる」と判示し、「原告の不法行為の主張は前提を欠く」として訴えを退けています。

Q100

インフルエンザに罹患した児童生徒に対し出席停止の措置をとるには、どうすればいいですか。

 ○学校感染症の予防

　毎年、冬になるとインフルエンザが流行します。学校では、多くの児童生徒が集団で生活を共にしていますから、そこに感染症が発生すると、学校が病原を媒介する場となって、次々と広がっていくおそれがあります。

　そこで、学校保健安全法は、感染力が強く、児童生徒の健康に重大な影響を与える病気を「学校において予防すべき感染症（学校感染症）」と規定し、予防のための法的な措置を定めています。

　学校感染症については、学校保健安全法施行規則18条に規定があります。同条は、学校感染症を3種に分けて、おおむね次のように定めています。

(1)　第1種

　　エボラ出血熱、クリミア・コンゴ出血熱、痘そう、南米出血熱、ペスト、マールブルグ病など12の感染症

(2)　第2種

　　インフルエンザ、百日咳、麻しん、流行性耳下腺炎、風しんなど9の感染症

(3)　第3種

　　コレラ、細菌性赤痢、腸管出血性大腸菌感染症、腸チフス、パラチフス、流行性角結膜炎、急性出血性結膜炎その他の感染症

　この分類についてコメントすると、第1種は稀な感染症。第2種は放置すると広がるおそれのある飛沫感染症。第3種は飛沫感染でないが放

置すれば広がるおそれのある感染症です。

　そこで、こうした学校感染症が発生した場合の対応について、学校保健安全法は、出席停止と臨時休業の2つの法的措置を定めています。

○感染症予防の出席停止

　まず、出席停止です。学校保健安全法19条は、「校長は、感染症にかかっており、かかっている疑いがあり、又はかかるおそれのある児童生徒等があるときは、政令で定めるところにより、出席を停止させることができる」と定めています。

　学校感染症にかかった児童生徒が、無理して出席すると本人の回復が遅れるだけでなく、他の児童生徒に感染し、校内で流行するおそれがあります。これを防ぐには、罹患した児童生徒を学校に来させない措置をとる必要があるわけです。

　校長は、児童生徒に対し出席停止措置をとる場合、その理由と期間を明らかにして、中学生以下にあっては保護者に、高校生以上にあっては本人に指示しなければならないこととなっています（学校保健安全法施行令6条）。出席停止の措置をとる際は、校長は学校医又はその他の医師の意見を聞いて行うことになります。

　出席停止の期間をどうするかは、病気によって異なります。学校保健安全法施行規則は、学校感染症の種類ごとに出席停止の期間を定めているので、これも詳しくは施行規則19条をご覧ください。

　一例を挙げれば、インフルエンザについては「解熱した後2日を経過するまで」、百日咳については「特有の咳が消失するまで」、麻しんについては「解熱した後3日を経過するまで」などとなっています。これは一応の基準です。医師がもう伝染のおそれはないと認めたときは、医師の判断によって決めることとなります。

Q101

新型コロナウイルス感染症について、児童生徒の出席停止はどのような場合に行えばよいでしょうか。保護者から感染が不安なので、子どもを休ませたいと申し出があった場合、認めてもよいでしょうか。

 ○出席停止を指示する要件

Q100 で述べたように、学校保健安全法 19 条は、児童生徒の出席停止の要件について、①感染症にかかっていること、②かかっている疑いがあること、③かかるおそれがあること——の 3 つを定めています。

文部科学省は、事務次官通知（令和 2 年 6 月 5 日）を出して、「新型コロナウイルス感染症に対応した持続的な学校運営のためのガイドライン」（以下「ガイドライン」）を全国に通知しましたが、新型コロナに関する「出席停止の取扱い」について、次のように示しています。

第 1 は、児童生徒等の「感染が判明した場合」です。これは上記の要件①の「感染症にかかっている」に該当します。もっとも、ガイドラインは、「児童生徒等や教職員の感染が確認された場合、学校の設置者は、濃厚接触者が保健所により特定されるまでの間、学校の全部又は一部の休業を実施する」としていますから、児童生徒にコロナ感染症が出た場合、出席停止と同時に学校閉鎖や学級閉鎖が行われることになります。

第 2 は、児童生徒等が「感染者の濃厚接触者に特定された場合」です。これは上記②の「かかっている疑いがある」に該当します。この場合の出席停止の期間は、最小限、感染者と最後に濃厚接触をした日から起算して 2 週間です。

第 3 は、児童生徒等に「発熱等の風邪の症状がみられる場合」です。これは③の「かかるおそれがある」に該当します。ガイドラインは、感

染がまん延している地域においては、「同居の家族に発熱等の風邪の症状がみられるとき」も、出席停止の措置をとるとしています。家族の発熱まで含めるのは、拡大しすぎの感もありますが、コロナ感染症の危険性にかんがみ、解釈の幅を広げているわけです。

○保護者の申出による休みも容認

　ガイドラインは、出席停止の指示ではないが、特別の事情のある場合、学校を休むことを容認する方針を示しています。

　1つは、保護者から学校を休ませたいとの申し出があった場合です。出席停止の要件には該当しないけれど、保護者から感染が不安で子どもを休ませたいと申し出があった場合、保護者の申し出に合理的な理由があると校長が判断するときは、文部科学省の指導要録に関する通知（30文科初第1845号）に示す「非常変災等児童生徒又は保護者の責任に帰すことができない事由で欠席した場合などで、校長が出席しなくてもよいと認めた日」として扱います。この場合、指導要録上は「欠席」としないで、出席停止の場合と同様に「出席停止・忌引等の日数」とします。

　2つは、医療的ケアを必要とする児童生徒または基礎疾患等がある児童生徒の場合です。校長は、こうした児童生徒について主治医の見解を保護者に確認した上で、登校させるかどうかを判断することになります。登校すべきでないと判断したときは、上記の「校長が出席しなくてもよいと認めた日」として扱います。指導要録上も「欠席」でなく、「出席停止・忌引等の日数」とします。

　出席停止の指示や休むことを容認した場合、児童生徒の学習に著しい遅れが生じるおそれがないよう、学習支援のための措置を講じる必要があることは言うまでもありません。

Q102

インフルエンザによる学級閉鎖や学校閉鎖は、どのような場合に行うべきでしょうか。

 ○臨時休業の決定権限

学校保健安全法20条は、「学校の設置者は、感染症の予防上必要があるときは、臨時に、学校の全部又は一部の休業を行うことができる」と定めています。

学校では、ふつう学校閉鎖とか学級閉鎖と呼んでいますが、法令上は、学校閉鎖を「全部の休業」、学級閉鎖を「一部の休業」と規定しています。

出席停止が個々の児童生徒を対象に行われる措置であるのに対し、臨時休業は、学校の授業を臨時に停止するもので、感染症の流行を防止するためのより強い措置です。

学校閉鎖や学級閉鎖を決めるのは、設置者（教育委員会）の権限となっています。これは授業の停止という事柄の重大性と感染症が広域的に流行している場合、管内の学校について統一的に対応することの必要性を考慮したためです。

学校閉鎖や学級閉鎖の決定権が教育委員会に属するといっても、実際に児童生徒の状況を把握しているのは校長ですから、臨時休業の決定に当たっては、校長の判断が重要であることはいうまでもありません。このため、多くの市町村では、学校管理規則などで臨時休業の権限を校長に内部委任しています。

○臨時休業に踏み切る目安

では、インフルエンザが流行してきたとき、どの時点で学級閉鎖に踏み切ればいいのでしょうか。これは結構難しい問題です。

　学校としては、できるだけ授業時数を確保したい。学級閉鎖はぎりぎりまで待ちたい。しかし、インフルエンザが蔓延しつつあるとき、早く手を打たねばならない――校長は、このジレンマに悩むことになります。

　インフルエンザの拡大がどの程度になったら、学校を臨時休業にするかについて法令上の基準はありません。教育上の配慮や感染予防上の要請を考えて、ケース・バイ・ケースで判断するよりないわけです。

　文部省（当時）通知「学校におけるインフルエンザの予防について」（昭和32年10月18日）では、臨時休業の目安として「学校においてインフルエンザが発生して、欠席率が平素の欠席率より急速に高くなったとき、又は罹患者が急激に多くなったとき」と示しています。

　しかし、これは抽象的で具体的な判断基準とはなりません。そこで、都道府県によっては、例えば、①欠席率が4％以上になったら状況を調査する、②欠席率が15％以上になったら学校医に連絡する、③欠席率が20％に達したら学級閉鎖の措置をとるなどと具体的な基準を決めているところもあります。

　学校閉鎖や学級閉鎖に踏み切るとき、休業の期間をどう決めるかが問題となります。インフルエンザについて、前掲の通知では「インフルエンザの潜伏期やビールスの排泄期間などの疫学的見地から最短4日間とすることが望ましい」と示していますが、これも機械的に決めるのではなく、学校医の意見などを参考にして、総合的に判断すべきでしょう。臨時休業や出席停止の措置をとるときは、保健所に連絡しなければなりません（学校保健安全法18条）。

　なお、令和2年に新型コロナウイルス感染症が流行した際、首相が全国の学校の一斉休校を要請する声明を出し、文部科学省が事務次官通知で、教育委員会・知事等に小・中・高校等の臨時休業を促しました（*Q103*参照）。

Q103

新型コロナウイルス感染症により全国的に一斉休校の措置がとられましたが、その法的根拠は何でしょうか。臨時休業の基準はどのように定められていますか。また、臨時休業における学びの保障はどうあるべきでしょうか。

 ## ○臨時休業を決めるのは設置者

令和2年に新型コロナウイルス感染症が流行したおり、首相が全国の小・中・高校等の一斉休校を要請する考えを表明し、これを受けて、文部科学省は、都道府県教育長および知事等あてに通知を出し、学校保健安全法に基づく臨時休業を行うよう求めました。しかし、首相声明および文部科学省通知は、法的な拘束力のある指示・命令ではありません。あくまでも指導・助言にとどまるものです。

前問で解説したように、感染症の予防のための学校閉鎖の決定権は、学校保健安全法20条に基づき、学校の設置者が有しています。新型コロナウイルス感染症対策として実施された一斉休校も、法的には設置者の決定によって行われたものです。

感染症がどの程度流行したら、学校を臨時休業とするかを定める法令上の基準はありません。感染症の特性に応じて、感染予防上の要請と教育上の配慮を考えて、個別に判断することになります。令和2年の全国一斉の臨時休業では、新型コロナウイルス感染症の罹患者が一人も出ていない地域や学校でも臨時休業とした点で異例の措置でした。文部科学省は、新学期を迎えるに当たり、改めて事務次官通知（令和2年3月24日）を出し、「新型コロナウイルス感染症に対応した学校再開ガイドライン」を示し、臨時休業は、学校保健安全法の規定に基づいて、設置者が状況に応じて決定する方針を明示しました。

○臨時休業実施の基本的考え方

さらに、文部科学省は、令和2年6月に再度事務次官通知を出し、「新型コロナウイルス感染症に対応した持続的な学校運営のためのガイドライン」を示しました。同ガイドラインでは、「臨時休業を実施する場合の考え方」として、学校設置者は、①児童生徒等や教職員の感染が確認された場合、濃厚接触者が保健所により特定されるまでの間、学校の全部又は一部の休業を実施すること、②学校内で感染が広がっている可能性が高いと判断した場合も、学校の全部または一部の臨時休業を行うこと、③緊急事態宣言が出された場合、知事が学校の施設の使用の制限又は停止等の要請を行ったり、知事や市町村長が教育委員会に必要な措置を講ずる要請を行ったりするときは、首長と事前に相談を行って、必要に応じ学校の臨時休業等の措置を講じること——を示しました。

新型コロナ感染症対策に伴う児童生徒の「学びの保障」について、文部科学省は、次のような基本的考え方を示しています。

(1) 学びを止めない：学校が課す家庭学習と教師によるきめ細かな指導・状況把握により、子供たちの学習を継続すること。

(2) 速やかに、できるところから学校での学びを再開する：感染拡大のリスクを最小限にしつつ、人数・日時を限った分散登校の積極的な活用などにより、できるところから学校での学びを再開すること。

(3) あらゆる手段を活用し、学びを取り戻す：時間割編成の工夫、長期休業期間の見直し、土曜日の活用、学校行事の重点化等あらゆる手段を用いて、協働的な学び合いを実現し、学習の遅れを取り戻すこと。

(4) 学校ならではの学びを最大限確保する：特例的措置も活用した教育課程の見直しやICT環境整備などを含め、学校ならではの学びを最大限に確保すること。

$Q104$

児童生徒が給食中に食物アレルギーで急性症状を起こしたとき、教師は医師の指示がなくても緊急治療薬を注射することができますか。

 ## ○食物アレルギーの死亡事故

平成 24 年に東京都調布市の小学校で児童が給食中に食物アレルギーでアナフィラキシー（アレルギー反応により生ずる呼吸困難、低血圧、意識不明、嘔吐などの急性で重篤な症状）に陥った際、教師が児童生徒に代わってエピペン®（アドレナリン自己注射薬）を注射することをためらったため、死亡する事故が起きました。

事故検証委員会の報告書は、担任教諭がエピペン®を注射しなかったこと、養護教諭も食物アレルギーのアナフィラキシーであると考えずにエピペン®を打たなかったことを「初期対応を誤った」とし、教員が適切にエピペン®を注射していたら児童の命は守れたと総括しています。

食物アレルギーでアナフィラキシーを起こすおそれのある児童生徒は、医師の処方によりエピペン®を携行又は学校に預託しているはずです。そのため、アナフィラキシーを起こしたとき、タイミングを逸しないで注射する必要があります。

児童生徒が自己注射をできない状況にある場合、居合わせた教師が本人に代わって注射をすることになりますが、医師法 17 条で「医師でなければ、医業をなしてはならない」と規定しているため、教師としては、医師の指示なしに、児童生徒に注射をすることにはためらいがあります。

○医師法違反とはならない

この点について、平成 21 年 7 月、文部科学省からの照会に対して、

厚生労働省医政局医事課長は、「アナフィラキシーショックで生命が危険な状態にある児童生徒に対し、救命の場に居合わせた教職員が、アドレナリン自己注射薬を自ら注射できない本人に代わって注射することは、反復継続する意図がないものと認められるため医師法第 17 条によって禁止されている医師の免許を有しない者による医業に当たらず、医師法違反にならない」旨の回答をしています。

　日本学校保健会が作成した『学校のアレルギー疾患に対する取り組みガイドライン』（平成 20 年 3 月）では、エピペン®の使用について、「投与のタイミングとしては、アナフィラキシーショック症状が進行する前の初期症状（呼吸困難などの呼吸器の症状が出現したとき）のうちに注射するのが効果的である」と述べ、注射の方法やタイミングについて解説しています。

　文部科学省調査によると、平成 20 年から平成 25 年において、学校におけるエピペン®の使用は 408 件あり、使用したのは、本人 122 件、学校職員 106 件、保護者 114 件、救急救命士 66 件となっています。すでに学校でもかなりエピペン®が使用されていることが分かります。とくに調布市の死亡事故があってからエピペン®の処方が増えているといいます。

　エピペン®の使用が重要であることは分かっても、また、それが医師法に反しないといわれても、教師としては、エピペン®注射による副作用などが起きた場合の責任問題を意識せざるを得ないでしょう。しかし、仮にエピペン®注射で副作用（小児では軽微といわれています）が起きて、賠償問題となっても、国家賠償法により、賠償責任を負うのは、学校の設置者であり、教員個人が負うことはありませんので、心配には及びません。

　（注）「エピペン」に付された®は Registered（登録された）商標の意

Q105

小学生の保護者から学校で子どもの「たんの吸引」を行ってほしいという申し出がありました。学校はこうした医療的ケアを行うことができるのでしょうか。

 ○たん吸引など特定行為を合法化

近年、インクルーシブ教育推進の流れの中で、特別支援学校だけでなく、小・中学校にも医療的ケアを要する児童生徒が在籍するようになり、学校における医療的ケアが課題となっています。

医療的ケアとは、たんの吸引、胃ろうの経管栄養、気管切開部の衛生管理、人工呼吸器の使用、導尿などの医療的介助行為をいいます。医師免許を持たない者が、医行為を反復継続して行うことは、医師法で禁止されています。このため、特別支援学校等において、たんの吸引や経管栄養等を行うことは、形式的には法令違反となりますが、厚生労働省は局長通知（平成16年10月20日）で、実質的違法性阻却論^(注)に基づき、やむを得ない措置として容認してきました。

その後、平成23年に「社会福祉士及び介護福祉士法」が改正され、一定の研修を修了し、都道府県知事に「認定特定行為業務従事者」として認定された者は、医行為のうち5つの「特定行為」（①口腔内の喀痰吸引、②鼻腔内の喀痰吸引、③気管カニューレ内の喀痰吸引、④胃ろう又は腸ろうによる経管栄養、⑤経鼻経管栄養）を行うことが合法となりました。学校の教員も認定特定行為業務従事者の認定を受けて、特定行為について医療的ケアを行うことができます。

法改正を受け、文部科学省は、初等中等教育局長通知「特別支援学校等における医療的ケアの今後の対応について」（平成23年12月20日）を出して、①特定行為は、主治医の指示書のもとに看護師を中心に教員等

が連携協力して当たること、②認定特定行為業務従事者となる者は、対象となる児童生徒の障害の状態等を把握し、信頼関係を築いている教員が望ましいことなどを示しました。

○学校における実施体制の在り方

さらに、平成 28 年に児童福祉法が改正され 56 条の 6 第 2 項において、地方公共団体の責務として、日常生活を営むために医療を要する状態にある障害児について、適切な保健、医療、福祉、教育等の支援が受けられるよう「必要な措置を講ずる」努力義務を定めました。改正法の施行に際し、厚生労働省、文部科学省、内閣府は共同通知（平成 28 年 6 月 30 日）を出し、教育分野では、医療的ケア児と保護者の意向を可能な限り尊重し、その教育的ニーズに一層適切に応えるよう教育委員会等に配慮を求めています。

また、文部科学省は、平成 29 年に有識者会議を設置し、学校における医療的ケアの在り方について検討を進め、平成 31 年 2 月に「最終まとめ」を公表しました。最終まとめを受けて、文部科学省は、通知「学校における医療的ケアの今後の対応について」（平成 31 年 3 月 20 日）を出しました。通知では、「学校における実施体制の在り方」として、①各学校は医療的ケアの実施要領を策定すること、②教職員、看護師、主治医、学校医等の専門性に基づくチーム体制を構築すること、③個別の教育支援計画を作成する際、関係機関と当該医療的ケア児の支援に関する必要な情報の共有を図ること、④個別の教育支援計画を作成する際、主治医や訪問看護ステーションの看護師等から情報を得たり、意見交換を行うことなどを示しています。

（注）形式的には違法行為であっても、実質的に法益侵害を上回る利益がある場合、違法としないとする法理論。

Q106

学校は児童生徒の安全の確保について、どのような法的義務を負っていますか。

 ○問われる安全管理

学校は、多くの児童生徒が長時間生活し、様々な教育活動を営む場です。そこには常に事故や事件の危険が存在します。このため、学校では児童生徒の安全管理が重要な課題となります。

学校が直面する危機で最も深刻なものは、児童生徒の生命・身体に危害が及ぶ場合です。平成13年6月、大阪教育大学附属池田小学校に出刃包丁を持った男が侵入し、授業中の児童を次々と襲い、8名の児童が殺害され、加えて13名の児童と2名の教諭が重傷を負うという惨事が起きました。

この衝撃的な事件をきっかけに、学校の安全管理があらためて学校における大きな課題となりました。事件の翌年、文部科学省は、不審者侵入などの事態が起きた場合の共通的な留意事項をまとめた「学校への不審者侵入時の危機管理マニュアル」（平成14年12月）を公表し、全国の学校で危機管理マニュアルを整備するよう促しました。

学校の安全管理は、不審者による殺傷事件に限りません。もっと幅広く危機への対応が求められます。

安全管理の対象となる危機を大別すれば、次の3つに分けることができます。

(1) 教育指導に伴うもの

　　理科実験中の薬品の爆発、体育や部活中のけが、校外授業中の事故、修学旅行中の食中毒などへの対応。

(2) 生徒指導に伴うもの

　　いじめ、校内暴力、不登校の他、万引き、盗難、喫煙、飲酒など、
　　児童生徒の問題行動への対応。

⑶　自然災害

　　火災、地震、洪水、豪雪などの災害への対応。

○学校の安全配慮義務

　こうした危機に対処する上で学校として留意すべき点について考えて
みましょう。

　学校には安全配慮義務が課されていることの認識です。学校は、親の
付託を受け、かけがえのない子どもを預かって教育をしています。親の
付託に応えるため、学校は何をおいても児童生徒の安全を守らなければ
なりません。このことは、どれほど強調しても強調しすぎることはない
といえましょう。

　学校における安全確保については、平成20年に学校保健法が改正さ
れるまでは、法令上の規定はありませんでしたが、学校に安全配慮義務
があることは、理論上も判例上も自明とされてきました。例えば、浦和
地裁は「学校の校長ないし教諭が、学校教育の場において児童の生命、
身体等の安全について万全を期すべき条理上の義務を負うことは、学校
教育法その他の教育法令に照らして明らかである」(昭和60年4月22日
判決) とし、学校の安全配慮義務を「条理上の義務」と判示しています。

　学校に安全配慮義務が課されている以上、学校はいかなる場合も、最
善を尽くして児童生徒の安全を守らなければなりません。学校が安全配
慮義務を十分に尽くしてもなお事故が起きた場合は、不可抗力として、
事故の責任は問われません。しかし、とるべき安全配慮義務を尽くさな
かったことによって事故が起きたときは、学校の不作為の責任が追及さ
れます。学校運営において安全管理が重要な課題となるゆえんです。

Q107

学校の安全管理について法律は、どのように定めていますか。

 ○学校保健安全法の規定

　学校に児童生徒の安全を保持する義務があることは、学説上も判例上も確立していましたが、法令上の規定はほとんどありませんでした。このため、法的整備の必要性が指摘されていました。

　それがようやく整備されたのは、平成20年の学校保健法の改正によってです。このとき法律名が「学校保健安全法」に改められるとともに、学校安全に関する諸規定が整備されました。

　では、学校保健安全法は、学校安全について何をどう定めているのでしょうか。

　第1は、学校設置者の責務です。児童生徒の安全を確保するためには、まず、安全な環境を整備して危険の発生を未然に防ぐこと。次いで、児童生徒に危害が生じた場合に適切に対処することができるよう、学校の施設設備と管理運営体制の整備充実を図ることが重要です。学校保健安全法は、学校設置者にそうした整備充実を図る努力義務を課しています（26条）。

　第2は、学校安全計画の策定です。従来、学校保健と学校安全の円滑な実施を図るため、各学校に「学校保健安全計画」の策定を義務付けていました。しかし、学校保健、学校安全ともに多様な課題が生じており、これを一本の計画で済ますことはできなくなってきました。このため、学校保健安全法は、両者を分離して、それぞれに計画を立てることを学校に義務付けています（5条、27条）。

　旧学校保健法では、学校安全計画の記載事項として「施設及び設備の安全点検」が例示されるのみでしたが、学校保健安全法では、「施設及

び設備の安全点検」に加えて、「通学を含めた学校生活その他の日常生活における安全に関する指導」と「職員の研修」を必須的記載事項として定めています。

　第3は、学校環境の安全確保です。旧学校保健法は、施設設備の安全点検を実施し、必要に応じて修繕などの危険防止措置を講ずることを求めていましたが、学校保健安全法では、施設設備について安全を確保する上で支障となる事項がある場合、校長は、①自らの権限で対応できる事項については、遅滞なくその改善を図る措置を講ずること、②学校限りでは措置を講ずることができないときは、設置者にその旨を申し出ることを義務付けています（28条）。

　第4は、危険等発生時対処要領の作成です。事故や災害などにより児童生徒に危険や危害が生じた場合、あらかじめ教職員がとるべき措置の具体的内容や手続などを記載した対処要領（危機管理マニュアル）を策定しておくことが重要です（29条）。

　前問で述べたように、文部科学省は、不審者侵入時の対応や通学路の安全確保を内容とする「学校の危機管理マニュアル」の参考案を示し、各学校において学校の実態に応じた独自のマニュアルを策定するよう求めてきました。

　学校保健安全法は、不審者侵入の他、自然災害などの危機の発生時の対応を含めて、各学校において教職員がとるべき具体的内容と手順を定めた「危険等発生時対処要領」の作成を義務付けています（29条1項）。

　危機管理マニュアルは、作成するだけでは意味がありません。いざというときに、それに基づいた適切な行動がとれるかどうかが重要です。この観点から、学校保健安全法は、対処要領の職員に対する周知や対処要領に基づく訓練など職員が適切に対処するために必要な措置を講ずることを義務付けています（29条2項）。

Q108

職員会議で決まったことは、校長といえども従わねばなりません
か。

 ○ 「あきれる、こっけいな」話？

　平成20年に都立高校の校長が東京都教育委員会の通知に反旗を翻し
たというので、大きなニュースになりました。

　平成18年に都教委は、通知「学校経営の適正化について」（平成18年
4月13日）を出し、「職員会議において『挙手』、『採決』等の方法を用
いて職員の意向を確認するような運営は不適切であり、行わないこと」
と指示しました。

　通知から2年後、都立高校の一人の校長が、「この通知が出てから職
員会議でほとんど意見が出なくなった。民主主義を教える教育の世界で
言論の自由がないのは許されない」と、都教委に通知の撤回を求める要
請をしました。

　もともと都教委の通知は、マスメディアには評判がよくありませんで
した。例えば、朝日新聞は、この通知を社説で取り上げ、都教委の通知
について「あきれる、というよりも、思わず笑ってしまう、こっけいな
話」（平成18年4月15日付）と批判しました。その通知に、教委の足元
から撤回要求が出たというので、マスメディアは大きく取り上げたわけ
です。

　このときも朝日新聞は、「教育者としての信念を貫かれる校長先生に
敬意を表する」という市民の声を載せ、この校長にシンパシーを寄せる
記事を掲載しました。

　しかし、都教委通知は「あきれる」「こっけいな」話なのでしょうか。
異を唱えた校長は、信念を貫いた立派な校長なのでしょうか。

○職員会議は校長の補助機関

　この問題を考えるには、職員会議の法的性質についての理解が欠かせません。

　職員会議は、明治時代から広く行われてきた学校慣行です。しかし、法令に職員会議に関する規定がなかったこともあって、戦後、職員会議の法的性格をめぐる論争が絶えませんでした。その場合の争点は、職員会議が校長の権限も制約できる議決機関か、それとも校長の職務執行に資する補助機関なのか、という点にありました。教師集団の力を強調する日教組は、職員会議を学校運営の最高議決機関と位置付けました。職員会議は、学校の重要事項を審議し、議決する最高の機関だから、校長といえども、職員会議の決議には拘束されると主張したのです。

　イデオロギー対立が激しかった昭和30年代から50年代は、最高議決機関説を振りかざした教員集団が、校長の校務掌理権を無視し、学校運営を職員会議の多数決で押し切るケースが少なくありませんでした。

　これに対して、文部科学省は、職員会議の法的性質は校長の補助機関であるから、その決定が、校長の職務権限を超えることはできないという解釈を示しました。すなわち、学校教育法は校長の職務権限について、「校長は、校務をつかさどり、所属職員を監督する」（37条4項）と規定しており、職員会議が最高議決機関だとすると、校長の職務権限に抵触し、校長の校務掌理権と整合しないというわけです。

　実定法解釈を重視する裁判所は、当然、行政解釈を支持しました。例えば、大津地裁は、「校務運営についての決定権限は、法令上校長にあって、職員会議にはないのであるから……職員会議の決議が校長の権限よりも優先するということはできない」（平成13年5月7日判決）と判示しました。

Q109

職員会議において挙手で決定することは、法令に反することですか。

 ○職員会議の法制化

　文部科学省は、平成12年に学校教育法施行規則を改正し、「小学校には、設置者の定めるところにより、校長の職務の円滑な執行に資するため、職員会議を置くことができる」（48条）という規定を加え、職員会議の法制化を図りました（中学、高校などにも準用）。また、規則改正に伴う文部事務次官通知（平成12年1月21日）では、「（職員会議は）学校の管理運営に関する校長の権限と責任を前提として、校長の職務の円滑な執行を補助するものとして位置付けられるものである」として、職員会議が校長の補助機関であることを明示しました。

　職員会議は議決機関ではありません。議決機関でない職員会議で挙手による採決を行い、それが教師集団の意思と称して、校長の校務掌理権を制約するようなことは、正常な学校運営とはいえません。教育委員会がそうした法令に反する状態を是正する指示を出すことは、行政当局として当然の責務です。

　一部の都立高校では、入学式や卒業式における国旗国歌の扱いなどをめぐって、職員会議の多数決で校長の方針を否定するような学校運営がまかり通っていたため、都教委は、前問に掲げた職員会議における挙手による採決禁止の通知を出したわけです。

　官庁でも企業でも、日常の業務運営を従業員の挙手で決めるところはないでしょう。「こっけいな話」と笑った朝日新聞も、業務運営を全社員の挙手で決めるなんてことはしていないと思います。業務運営の決定は、権限と責任が付与された者によって行われるのが、組織の原理です。

全員の挙手による多数決で業務運営を行うような組織では、責任ある経営はできません。

○文部科学省の挙手禁止通知

　平成26年に大阪府の一部の学校において、校内人事が職員会議で挙手により決定していることが明らかとなったため、文部科学省は、通知「校内人事の決定及び職員会議に係る学校内の規程等の状況について」（平成26年6月27日）を発出して、次の諸点を示しました。

(1)　校内人事の決定に当たり、校長の選任ではなく教職員の互選等により選ばれた教職員で構成する人事委員会等を設置し、校内人事の原案を作成し校長が追認するなど実質的に当該組織が校内人事を決定しているような状況は、校長の権限を実質的に制約しかねないため、法令等の趣旨に反し不適切であること。

(2)　校内人事の決定に当たり、教職員による挙手や投票等の方法によって、選挙や意向の確認等を行うことは、校長の権限を実質的に制約しかねないため、法令等の趣旨に反し不適切であり、行うべきでないこと。

(3)　職員会議は、校長の補助機関であり、校長が主宰するとされているにもかかわらず、教職員の互選等により選ばれた議長団等の組織を設置し、校長以外の職員を議長とし、当該議長が職員会議を主宰することは、校長の権限を実質的に制約することから不適切であり、行うべきでないこと。

(4)　職員会議において、挙手や投票等の方法により、校長が自らの権限と責任において決定すべき事項について決定したり、校長の権限を実質的に制約したりすることは、法令等の趣旨に反し不適切であり、行うべきでないこと。

Q110

職務命令が不当と考える場合、教師は上司の命令を拒否することができますか。

 ○職務命令に従う義務

　学校運営では、職務命令などという言葉は、使わないに越したことはありません。しかし、スクール・コンプライアンスの観点からは、職務命令の意義や要件などについて理解しておくことは必要です。

　公立学校の教員には、職務命令に従う義務が法律で課せられています（私立学校の場合は就業規則で定めています）。

　法律は2つあります。1つは、地方公務員法です。同法32条は「職員は、その職務を遂行するに当って、法令、条例、地方公共団体の規則及び地方公共団体の機関の定める規程に従い、且つ、上司の職務上の命令に忠実に従わなければならない」と規定しています。この場合、校長はすべての教師に対して上司であり、副校長は校長以外（教頭は校長と副校長以外）の教師に対して上司となります。教育委員会は、校長も含めてすべての教師の上司になります。

　もう1つは、地方教育行政の組織及び運営に関する法律です。同法43条2項は「県費負担教職員は……市町村委員会その他職務上の上司の職務上の命令に忠実に従わなければならない」と定めています。

　市（指定都市を除く）町村立学校の教員は、県費負担教職員として、任命権が都道府県教育委員会にありますが、服務の監督は市町村教委に属します。そこで、市町村教委が上司に当たることを規定しているわけです。

○適法の推定

　職務命令の出し方に様式はありません。文書でも、口頭でもかまいません。ただ、校長と教師の間に紛糾があり、職務命令の存否自体が、将来、裁判などで争われる可能性があると懸念される場合は、後日の証拠のために、文書で出しておく必要があります。ところで、職務命令が有効であるためには、次の要件を充たす必要があります。

　⑴　権限のある上司から発せられた命令であること。

　⑵　部下の職務範囲に属する事項に関する命令であること。

　⑶　命令が法令に反したり、事実上の不能を命じたりするものでないこと。

　これらの要件に該当しない職務命令は有効となりませんが、例えば、教師が国歌斉唱時の起立命令を受けた場合、国歌斉唱の強制は、思想・信条の自由に反するという理由で、これを拒否することができるでしょうか。

　上司が職務命令を出すたびに、部下がいちいちその命令が有効かどうかを判断して行動するようでは、とうてい組織の統一や秩序の維持はできません。そこで、行政法学では、「重大かつ明白」に誤りと認められる場合以外は、職務命令は「適法の推定」を受けるとしています。

　適法の推定とは、職務命令が適法かどうか疑わしいと思っても、部下は勝手に拒否することはできず、ひとまず上司の命令に従わなければならないことを意味しています。

　国歌斉唱時の起立命令の適否を受命者が勝手に判断して、それを拒否するようなことは許されないわけです。ちなみに、最高裁判決（平成23年5月30日）は、卒業式の国歌斉唱時に起立を命ずることは、思想・信条の自由に反しないと判示しています。

Q111

教員の勤務時間については、だれが、どのように決めるのですか。

○都道府県条例で定める

　地方公務員の勤務時間については、地方公務員法 24 条により地方公共団体の条例で定めることとなっています。ただし、県費負担教職員については、地方教育行政の組織及び運営に関する法律 42 条で各都道府県の条例で定めることになっています。

　都道府県の条例は、公立学校教員の勤務時間について、次のように定めています。

(1)　勤務時間は 1 週間当たり 38 時間 45 分、1 日当たり 7 時間 45 分とする。

(2)　毎週日曜日及び土曜日を週休日とする。

(3)　勤務時間が 6 時間を超える場合、45 分の休憩を与える。

(4)　勤務時間の割り振りは教育委員会が行う。

　勤務時間条例では、このように勤務時間の大枠を規定していますが、個々の教員の勤務時間は、勤務時間の割り振りによって決まります。割り振りの権限は、教育委員会にありますが、教育委員会は、具体的な割り振りを規則や訓令で校長に委ねています。

○割り振りは校長が行う

　校長は、教員の勤務時間の割り振りを次のように行います。

(1)　勤務を要する日と要しない日とを決める。

(2)　勤務日について勤務すべき時間を決める。

(3)　勤務の終始の時間を決める。

(4)　休憩時間を決める。

　これらの点について、もう少し詳しく説明しましょう。

　第1に、「勤務を要しない日」とは、勤務時間が割り振られていない日のことで、条例は「日曜日及び土曜日」と定めています。つまり、「勤務を要する日」は、通常、月曜日から金曜日となります。

　第2に、「勤務すべき時間」については、条例で月曜日から金曜日まで毎日7時間45分と決めています。しかし、特定の日に7時間45分を超える勤務時間を割り振り、他の日をその分減ずる方法（変形労働時間制といいます）もあります。

　第3に、勤務の終始の時間は、教員の勤務時間の終始であって、児童生徒を対象にする「授業終始の時刻」(学校教育法施行規則60条)とは違います。

　第4に、休憩時間は、使用者の義務として定められているもので、勤務時間に含まれず、給与の対象になりません。休憩時間について労働基準法34条は、①労働時間が6時間を超える場合は、少なくとも45分を労働時間の途中に与えなければならない（1項）、②休憩時間は、一斉に与えなければならない（2項）、③休憩時間は自由に利用させなければならない（3項）と定めています。

　まず、休憩時間は「労働時間の途中」に与えることになっているので、勤務時間の最後にもってきて早退するのは違法となります。次に、休憩時間は、「一斉に」「自由に利用させ」ることになっていますが、学校では休み時間中も児童生徒の指導があったり、昼休み中も給食指導などがあったりして、一斉に自由にとるのは困難です。この点について、行政実例は、「職場の規律保持施設管理のため休憩時間中の外出を許可制にすることは必ずしも違法ではない」(昭和23年10月30日労働基準局長回答)として、「一斉に自由に利用」しない休憩時間を許容しています。

Q_{112}

　教員の超過勤務に対して、なぜ時間外手当が支給されないのですか。教員の超過勤務の上限規制はどのようになっていますか。

 ○「超勤4項目」の歯止め

　労働基準法は、時間外勤務に対して、時間外手当の支給義務を定めていますが（37条）、教員については「公立の義務教育諸学校等の教育職員の給与等に関する特別措置法」で、次の特例措置が定められており、労働基準法37条の規定は適用除外となっています。

(1)　教員（校長、副校長および教頭を除く）には俸給月額の4％に相当する額の教職調整額を支給する（3条1項）。

(2)　時間外勤務手当および休日勤務手当は支給しない（3条2項）。

(3)　教員を正規の勤務時間を超えて勤務させる場合は、政令で定める基準に従い条例で定める場合に限る（6条）。

　上記(3)の政令として、「公立の義務教育諸学校等の教育職員を正規の勤務時間を超えて勤務させる場合等の基準を定める政令」が制定されており、時間外勤務を命ずることができる場合として、①校外実習その他生徒の実習に関する業務、②修学旅行その他学校の行事に関する業務、③職員会議に関する業務、④非常災害の場合、児童又は生徒の指導に関し緊急の措置を必要とする場合その他やむを得ない場合の4項目に限定しています。しかし、教員の勤務時間については、この歯止めが効かず、大幅な超過勤務の実態となっており、その解決が課題となっています。

○超過勤務の上限を規制

　平成30年の「働き方改革を推進するための関係法律の整備に関する法律」の制定により、労働基準法36条（時間外労働）が改正され、民間

企業等における時間外労働の上限規制が定められました。

　これを踏まえて、文部科学省は、平成31年1月に「公立学校の教師の勤務時間の上限に関するガイドライン」を策定しました。しかし、令和元年に「公立の義務教育諸学校等の教育職員の給与等に関する特別措置法」が改正され、文部科学大臣が「教育職員の業務量の適切な管理等に関する指針」を定める規定が設けられたため、文部科学省は、この規定に基づき、ガイドラインを格上げして、告示の形式で「教育職員の健康及び福祉の確保を図るために講ずべき措置に関する指針（令和2年1月17日）」（以下「指針」）を制定しました。

　労働基準法における「労働時間」は、使用者の指揮命令下に置かれている時間とされています。公立学校教員の場合、いわゆる「超勤4項目」に該当するもの以外の業務は、教員が自発的な判断により行ったもので、労働基準法上の「労働時間」には含まれないものとして整理されています。しかし、指針では、「超勤4項目」該当以外の自発的な勤務も含めて、教員が校内に在校している時間及び校外で勤務している時間を外形的に把握した上で合算し、そこから休憩時間及び業務外の時間を除いたものを「在校等時間」として上限規制の対象としています。

　指針は、教員の在校等時間の上限規制の目安として、労働基準法36条の制限と同じく、次のように定めています。

⑴　1か月の在校等時間について超過勤務は45時間以内とすること。

⑵　1年間の在校等時間について超過勤務は360時間以内とすること。

⑶　児童生徒に係る臨時的な特別の事情により勤務せざるを得ない場合は、1か月の超過勤務は100時間未満、1年間の超過勤務は720時間以内とすること。

　また、指針は、留意事項として、①上限時間までの業務を推奨する趣旨でないこと、②実際より短い虚偽の時間を記録に残してはならないこと、③持ち帰り業務は行わないことなどを示しています。

Q*113*

マスメディアから取材の申し込みがあった場合、学校は必ず応じなければならないのでしょうか。

 ○取材拒否を認めた判例

学校が新聞社の取材を拒否して裁判となったケースがありますので、まず、それを紹介しましょう。

堺市の小学校が「花いっぱいコンクール」で最優秀賞を受賞したところ、地域の新聞社から取材の申し込みを受けました。取材の対象自体には何ら拒む理由はありませんでしたが、その新聞社は過去に学校を非難する記事を掲載したことがあったため、校長は取材の申し出を断りました。これを不服とした新聞社は、正当な理由がないのに取材を拒否したのは、憲法21条の取材の自由などに違反し、違法であるとして、損害賠償を求める訴訟を起こしました。

この訴訟について、大阪地裁堺支部判決（平成9年11月28日）は、校長が取材を拒否したことに違法はないとして訴えを退けました。判決は、その理由として「（憲法21条が定める）取材の自由とは、報道機関の取材行為に介入する国家機関からの自由を言うにとどまり、それ以上に、取材を受ける側に法的義務を生ずるような取材の権利をも当然に含むものではないから、国、地方公共団体などの公的機関を対象とする取材活動に協力しないこと、取材を拒否することを目して直ちに取材の自由を制約する違法なものとはいえない」と判示しています。

マスメディアは、国民の「知る権利」や「報道の自由」を盾に、取材を迫ることがありますが、判決が示すとおり、「知る権利」や「報道の自由」には、取材を強制する権利までは含まないので、学校が取材を拒否することは可能なわけです。

とはいえ、学校には教育の実施について説明責任がありますから、メディアの取材に対しては、学校運営に支障のない範囲内で、誠意ある対応をすることが必要です。

○取材に応ずる際の留意点

ただし、取材の対象が児童生徒に関するものである場合、学校は、次の諸点に留意する必要があります。

第1は、守秘義務です。地方公務員法は、職務上知り得た秘密を漏らしてはならない義務を課しています（地方公務員法34条）。児童生徒の行動内容や家庭環境などについては、地方公務員法でいう秘密に属する場合がありますから、取材に応ずる際には、法令違反にならないよう留意する必要があります。

第2は、個人情報の保護です。個人情報保護法や個人情報保護条例により、学校は、児童生徒の個人情報を第三者に漏えいしてはならない義務が定められています。学校としては、児童生徒の個人情報を安易に外部に漏らすことのないよう注意しなければなりません。

第3は、少年事件非公開の原則です。少年法61条は「家庭裁判所の審判に付された少年又は少年のとき犯した罪により公訴を提起された者については、氏名、年齢、職業、住所、容ぼう等によりその者が当該事件の本人であることを推知することができるような記事又は写真を新聞紙その他の出版物に掲載してはならない」と規定し、少年事件非公開の原則を定めています。少年事件非公開の原則は、学校を直接規制するものではありませんが、少年事件非公開の原則の趣旨に沿って、児童生徒の人権が不当に侵されることのないよう配慮することが求められます。

Q114

マスメディアの取材に対応する場合、学校として留意すべきことは何でしょうか。

 ○メディア対応の3原則

かつて文部科学省に在職中、何度かマスメディアの激しい取材攻勢を経験しました。その経験にかんがみ、マスメディアの対応において重要なことは、次の3点と考えています。

第1は、ウソを言わないこと。学校の校長や教頭が意図的にウソをつくことはないと思いますが、苦しまぎれに、つい事実を否定してみたり、事実に反することを言ったりすることが起きやすいものです。しかし、ウソはいずればれます。いったん、ウソをついたとなると、以後マスメディアは信用しなくなります。信用がなくなれば、学校に対する非難はより厳しくなることは必定です。取材を受けたら、正確な情報を提供すべきです。

第2は、言うべきでないことは言わないこと。言うべきでないことは、ノーコメントで通すよりありません。ウソは許されませんが、ノーコメントは許されます。ただし、ノーコメントは、なぜノーコメントなのか、理由を言う必要があります。「プライバシーにかかわるから」「いま調査中だから」など、理由を明らかにする必要があります。ただし、理由を言ったからといって簡単に引き下がるような心優しいメディアはいないと覚悟すべきです。

第3は、取材から逃げないことです。学校がマスメディアの取材から逃げると、そのこと自体が問題となることはすでに述べたとおりです。校長が取材を回避していると、取材活動が他の教職員、あるいは保護者や児童生徒に向かうおそれがあります。それではかえって事態の混乱を

招きます。管理職はつらくとも取材から逃げないで、真摯に対応する覚悟が必要です。ただ、取材から逃げてはなりませんが、取材に無制約に応接する必要はありません。取材はあくまでも学校運営に支障が生じない範囲内で受けるべきです。とくに児童生徒を直接の対象とする取材は拒否すべきです。例えば、教室内にテレビカメラが入ったり、児童生徒に直接インタビューをするようなことは教育的に好ましくありません。こうした取材要請には、児童生徒への悪影響を説明して、取材制限の協力を求めるべきです。

○その他の留意点

　上記のメディア対応の3原則の他に、取材に対応するに当たって留意すべき点について付言しておきます。

⑴　正確で新しい情報を提供する（憶測や推測を避ける）。

⑵　情報やコメントはできるだけ印刷物にして提供する。

⑶　マスメディアの締め切り時間に間に合うように記者会見を開く。

⑷　マスメディアとの応答を記録しておく。

⑸　取材者の信頼性を確認する。

　最後の「取材者の信頼性の確認」は、とくに週刊誌の取材について気をつける必要があります。週刊誌は興味本位の記事とすることがままあるからです。取材に応ずる際、取材者が出版社の記者か、部外のライターかで記事のまとめ方が違ってくる場合が少なくありません。あらかじめ、その点を確認し、応答には十分に注意する必要があります。基本的にしゃべりすぎないことが肝要でしょう。

Q115

学齢児童生徒をインターナショナルスクールに就学させることはできますか。

 ○**外国人学校に就学**

インターナショナルスクールや中華学校、韓国学校などは、「外国人学校」と呼ばれています。外国人学校は、日本に滞在する外国人の子どもを対象として、母国語（又は英語）による教育を行う学校です。したがって、本来、日本人の子どもは入学対象としていません。

帰国子女が現地で習得した語学力を維持する目的などから、インターナショナルスクールに通わせるケースもありますが、近年は帰国子女でないのに、語学力を身に付けさせたいとか、国際的な雰囲気の学校で学ばせたいという理由で、インターナショナルスクールや中華学校に子どもを入学させるケースがあります。

外国人学校は、学校教育法1条に基づく学校でないので、日本人の保護者が子どもをそこに就学させても、就学義務を履行したことにはなりません。つまり、法的には就学義務に反するおそれがあります。

教育委員会がその事実を知ったときは、保護者に対し公立の小・中学校に就学するよう督促することになります。就学義務履行の督促を受けても履行しない保護者には10万円以下の罰金刑が課せられることになっています（学校教育法144条）。もっとも、通常、教育委員会は督促はしても、告発まではしていません。

○親の教育の自由

例外的に日本人でもインターナショナルスクールなどに合法的に就学できる場合があります。それは帰国子女で日本語が十分できない場合、

教育委員会に申請して、就学義務の猶予・免除を受けた上で、インターナショナルスクールなどに就学させるケースです。これは文部省（当時）の行政実例で認めています（「学齢と進級についての法的解釈について」昭和49年12月6日初等中等教育局長回答）。

　ただし、学校教育法は、就学の猶予・免除の要件を「病弱、発育不完全その他やむを得ない事由」（18条）に限っています。「やむを得ない事由」に該当するのは、児童生徒の失踪や少年院などへの入院などのほか、前述の日本語ができない帰国子女に限定しているので、単にインターナショナルスクールなどに入学させたいという理由で、就学義務の猶予・免除を受けることはできません。

　しかし、近年、親の教育権（教育の自由）を根拠にインターナショナルスクールなどへの就学を正式に認めるべきだという主張が出ています。すなわち、親には、憲法上の基本権として、親の教育権（教育の自由）が保障されており、親は子どもの教育に際して、何が子どもの最善の利益に沿うかを選択する権利をもっているという主張です。欧米ではこうした考えを裁判所も支持し、アメリカやイギリスでは、親の「教育の自由」を尊重して、親が子どもを家庭で自ら教育するホーム・スクールやホーム・エデュケーションを容認しています。

　こうした状況を受けて、超党派の「フリースクール議員連盟」が結成され、フリースクールの制度化が検討されましたが、平成28年に制定された「義務教育の段階における普通教育に相当する教育の機会の確保等に関する法律」では、不登校児童生徒の「休養の必要性」（13条）と多様な教育機会の確保を規定したものの、フリースクールの制度化までは認めていません。

Q116

子どもを特別支援学級に入れることに保護者が反対しています。保護者の意向に反した決定は違法となるでしょうか。

 ○特別支援学級の仕組み

特別支援学級については、学校教育法81条2項で「小学校、中学校、義務教育学校、高等学校及び中等教育学校には、次の各号のいずれかに該当する児童及び生徒のために、特別支援学級を置くことができる」と規定し、具体的な障害の種類として、①知的障害者、②肢体不自由者、③身体虚弱者、④弱視者、⑤難聴者、⑥その他障害のある者で、特別支援学級において教育を行うことが適当なものを掲げています。⑥の「その他」は、言語障害者や情緒障害者が対象となっています。

では、特別支援学級の対象となる児童生徒はどのように判定するのでしょうか。この点について、文部科学省の通知「障害のある児童生徒等に対する早期からの一貫した支援について」（平成25年10月4日）で基準が示されています。

それによると、例えば、知的障害については「標準化された知能検査等の知的機能の発達の遅滞を判断するために必要な検査、コミュニケーション、日常生活、社会生活等に関する適応機能の状態についての調査、本人の発達に影響がある環境の分析等を行った上で総合的に判断を行うこと」などと示されています。

どのような状態の子どもを特別支援学級に入れるかは、障害者教育に経験のある教員による観察・検査の他、専門医による診断などに基づき、教育学、医学、心理学などの観点から総合的かつ慎重に行うことが必要です。

○特別支援学級入級に関する判例

　特別支援学級への入級について保護者が納得せず、紛糾することは稀ではありません。紛糾の末、裁判になったケースもあります。

　北海道留萌市の中学校で、校長が障害のある生徒について特殊学級（現在は特別支援学級）における教育が適切と判断して、特殊学級に入級させました。保護者は、この決定に納得せず、憲法26条を根拠に、生徒や親には自ら望む教育を受ける権利があるとして、特殊学級の入級措置の取消しを求める訴訟を提起しました。

　一審の旭川地裁判決（平成5年10月26日）は、校長の特殊学級の入級措置は適法であるとして、保護者の訴えを退けました。その主な理由は、次のとおりです。

(1)　憲法26条の「教育を受ける権利」を子どもの学習する権利を中心として考えなければならないとしても、同条が、自己に施されるべき教育の環境ないし教育内容を、子ども自らが決定する権限まで付与したものであるとの解釈は導き出せないこと。

(2)　親の教育の自由は、親に対し、子女に施す教育の内容を決定する権限を付与しているものとは解することができないから、親には心身障害を有する子どもの教育内容を決定する権限はないこと。

(3)　校長が生徒を特殊学級に入級させるに際し、子どもや親の意向を十分考慮し、これを尊重した上でなされることが望ましいことであるとしても、子どもや親の意向に反して特殊学級への入級処分がされたからといって、直ちに、特殊学級への入級処分の権限を校長に与えることを定めた学校教育法の規定が憲法26条に違反するということはできないこと。

　なお、この判決は、二審の札幌高裁判決（平成6年5月24日）も支持しています。

Q117

　学校給食費を滞納する保護者の対応に悩んでいます。給食費の滞納を解決する法的措置はないのでしょうか。

A　○経済的困難な場合の対応

　学校給食法は、学校給食の実施に必要な施設設備に要する経費と学校給食の運営に要する経費を設置者の負担としていますが、食材等の経費については保護者の負担と定めています（11条2項）。そこで、学校給食費を払わない保護者が出て、学校はその対応に苦慮しています。

　不払いの原因が経済的な理由であれば、学校として対応が可能です。すなわち、生活保護を受けている保護者には、教育扶助として、学校給食費が支給されますし、生活保護を受けてはいないけれど、経済的に困窮している保護者には、要保護・準要保護の就学援助費として、学校給食費が支給されます。

　問題となるのは、経済的には支払う余裕があるのに、滞納を続ける保護者の存在です。こうした保護者に対しては、学校としては、電話や文書で何回も支払いを促しています。それでも支払わない家庭には、教員や事務職員が家庭訪問して支払いを要請していますが、なかなか効果が上がりません。そこで、なんとか法的措置がとれないか、ということになります。

○給食費の公会計化が必要

　中央教育審議会は、学校における働き方改革に関する答申（平成31年1月）で、①学校給食費について公会計化および地方公共団体による徴収を基本とすること、②文部科学省は学校給食費の公会計化導入や徴収業務を教師でなく地方公共団体が担うようにするためのガイドライン

を作成し周知徹底することを提言しました。

　答申を受けて、文部科学省は、令和元年7月に「学校給食費徴収・管理に関するガイドライン」(以下「ガイドライン」) を作成し、通知 (令和元年7月31日) を出して、全国の教育委員会に学校給食費の公会計化の取組みを推進するよう依頼しました。

　ガイドラインは、学校給食費 (以下「給食費」) の公会計化の効果として、①教員の業務負担の軽減、②保護者の利便性の向上、③徴収・管理業務の効率化、④給食費管理の透明性等を指摘し、給食費を地方公共団体の予算に計上するよう促しています。

　公会計化した地方公共団体では、給食費の滞納は、地方自治法上の債権として取り扱われ、給食費の滞納があった場合は、地方公共団体の専門部局は、まず、次の措置をとることとなります。

(1)　督促：給食費の債権が期限までに履行されない場合、期限を指定して督促します。

(2)　強制執行：債権が督促をした後相当期間が経過しても履行されないときは、強制執行によって履行を請求することになります。

(3)　徴収停止：債権の履行が著しく困難な場合や履行が不適当であると認める場合は、債権の保全・取立てをしないことがあります。

(4)　履行期限の延長：債権は、債務者の事情に応じて、履行期限を延長することができます。

　次に、給食費の債権が履行されない場合、地方公共団体は滞納者に対して訴訟手続をとることになります。とり得る訴訟手続には、①民事調停 (民事調停法2条)、②支払督促 (民事訴訟法382条)、③少額訴訟 (民事訴訟法368条)、④通常訴訟 (民事訴訟法133条) があります。これらの措置は、地方公共団体の専門部局が行うので、学校の教職員の負担はなくなります。

Q118

保護者のクレームについては、どのように対処すべきでしょうか。

 ○積極的に受け止める

　近年、学校では保護者からのクレームに悩まされるケースが増えています。クレーム対応のポイントは、3つあります。

　第1は、クレームの受け止め方です。学校は企業などに比べてクレームの処理がまずいといわれます。その原因の1つは、クレームに対する受け止め方の違いにあるようです。

　企業は顧客ファーストで、クレームに対しても顧客満足度を重視しています。これに対し、学校はクレームの受け止め方が消極的です。とくに公立学校には顧客満足度を優先するというマインドは薄く、保護者のクレームは余計なもの、煩わしいものと考えがちです。

　学校に寄せられるクレームは様々です。学校側の問題点を的確に指摘する正当なクレームもあれば、保護者の責任は棚に上げ、一方的に学校を非難するクレームも少なくありません。なかには学校に何の責任もないのに、理不尽な要求をするケースもあります。こうした多様なクレームのすべてに顧客満足度を優先するわけにはいきませんが、基本的な心構えとして、学校は保護者の立場に立って、その言い分を理解する姿勢をとることが重要です。

○初期対応が大切

　第2は、初期対応です。親としてはごく素朴な質問をしたつもりなのに、教員の対応が不親切だったり、つっけんどんだったりしたために、学校に対する不満や不信が生じて、こじれてしまうことが少なくありません。

　保護者などの苦情の対応に当たって、学校は、最初から保護者の声に真摯に耳を傾ける気持ちと態度をもつことが大切です。教員が保護者の話を聞く場合、相手の立場に立って、相手に共感しながら、本当は何を言いたいのか、何を望んでいるのかを聴き取る姿勢を示す必要があります。保護者とどこまで共感できるかが、円滑なクレーム処理の第一歩です。

○組織で対応する

　第3は、組織的な対応です。保護者からのクレームを学級担任が一人で抱え込むと、早期に打つべき手を逸してしまうおそれがあります。クレームを受けた教員は、直ちに管理職に報告し、その指示を受けて対応するシステムを整えることが重要です。報告を受けた管理職は、教員のつらい気持ちをしっかり受けとめ、一人で悩むことがないよう配慮することが大切です。

　クレームの処理に当たっては、校長、副校長、教頭、主幹教諭、指導教諭、学級担任、養護教諭などがそれぞれ役割分担をして、組織で対応する体制を整える必要があります。問題が起きて、実際にクレームを聴いたり、その解決を話し合ったりする場合は、学校に来てもらって対応すべきです。

　その場合、保護者などからのクレームは、複数の教員が同席して聴くようにし、苦情を受けた日時、場所、話の内容を正確に記録することが必要です。また、保護者などから受け付けたクレームは、すべての教員で共有することも重要です。

　違法や不当な要求が行われて、学校だけでは、対応が難しいと思われる場合は、早い段階で教育委員会に連絡を入れ、外部の専門機関を含めた対応が必要です。

Q119

教師を不当に非難する親を名誉毀損で訴えることはできますか。

 ○親を訴えた訴訟

　小学校の教師が保護者を相手に損害賠償訴訟を起こした事例があります。それはこんな事件です。

　平成22年、埼玉県の市立小学校に勤務する女性教諭（以下「原告」）が、担任するクラス（3年生）の保護者から繰り返しクレームを受けました。

　例えば、連絡帳に、計算テストで子どもの回答を消して不正解としたという事実に反する非難や「最低の先生だと思っている」「悪魔のような先生です」「悪魔！○○○○（原告の名前）を絶対に許せない！」などと原告を誹謗する言葉が書き込まれました。また、保護者は、教育委員会に原告が教師として不適格だとする文書を提出したり、警察署に子どもが原告から暴行を受けたとする被害届を出したりしました。

　原告は、こうした保護者の一連の言動により、名誉を毀損され、侮辱を受けたとして、慰謝料500万円の支払いを求める訴訟を起こしました。

○裁判所の判断

　この訴訟について、平成25年2月28日、さいたま地裁熊谷支部は、名誉毀損及び侮辱の成立を認めず、原告の請求を棄却する判決を言い渡しました。判決のポイントは、次の3点です。

　第1は、名誉毀損の当否です。民事法で不法行為となる「名誉毀損」は、人の品性、名声、信用などの人格的価値について社会から受ける評価を低下させる行為をいい、それが成立するためには、公然性が要件となります。原告は、連絡帳の書き込みの内容は、校長、教頭、同僚教員、教育委員会職員、PTA役員も知っているので、公然性があると主張しま

した。

　判決は、「本件各書き込みが原告の社会的評価を低下させる部分を含むことは明らか」と判示しましたが、公務員には守秘義務があるから学校教員や教育委員会職員が連絡帳の内容をみだりに伝播するとは考えられないし、PTA役員には連絡帳の具体的記述までは知らせていないので、本件書き込みは「公然と名誉を毀損したとは言えない」として、名誉毀損の成立を否定しました。

　第2は、侮辱の当否です。判決は、「悪魔のような先生」「最低の先生」などと書き込んだのは、わが子への対応をめぐって、保護者が原告に対する反感を強めるなかで、「ひどい先生と同種の表現として使用したもの」であり、「原告の人格的評価に対する社会的評価を低下させるものと見ることはできない」と判示して、侮辱の成立を否定しました。

　第3は、警察への被害届の是非です。原告は、子どもが給食の後片付けで食器をきれいにしていなかったので「背中を2度とんとんとたたいた」に過ぎないのに、これをもって暴行があったと警察署に申告するのは不法行為に当たると主張しました。

　判決は、保護者が子どもの言葉以外に客観的裏付けもなしに被害申告をしたことは、不注意な面があったとしながらも、保護者の警察への申告が「不法行為を構成するほど不注意なものと断定することはできない」と判示しました。

　最終的に判決では、保護者に「配慮に欠ける点や不注意な点が多々存在」すると認定しながらも、不法行為責任を認めるまでには至りませんでした。民事事件としてはこれが限度でしょう。

Q120

学校運営や教育指導に際し、法的なトラブルに適切に対処するため、スクールロイヤーの導入が進められていると聞きますが、スクールロイヤーとは、どのような仕事をするのでしょうか。

 ○スクールロイヤーの必要性

スクールロイヤーとは、学校で起こるいじめや保護者とのトラブル等について、教育委員会や学校に法的観点から指導助言する弁護士をいいます。

平成23年に滋賀県大津市で起きた中学生いじめ自殺事件を検証した第3者委員会の報告書（平成25年1月31日）は、スクールロイヤーの必要性を指摘し、その制度化を要請しました。また、中央教育審議会答申「チームとしての学校の在り方と今後の改善方策について」（平成27年12月）は、学校における法律問題に対処するため、弁護士会と連携して、学校において法律家を活用することを提言しました。

こうした要請を受けて、文部科学省は、平成29年度から「いじめ防止等対策のためのスクールロイヤー活用に関する調査研究事業」をスタートさせ、令和2年度からスクールロイヤーを各都道府県の教育事務所や政令市などに配置する事業を進めています。スクールロイヤーの配置に要する経費は、地方交付税による地方財政措置が充てられることとなっています。

○トラブル解決を法的側面から支援

今日の学校は、いじめをはじめ、校内暴力、不登校、児童虐待、父母のクレームなど法的側面からの支援を必要とする様々な課題を抱えています。文部科学省の調査（平成31年3月）によると、「10年前と比べて

法務相談が必要と思われる事例が増えているか」という質問に、「増えている」と答えた都道府県・指定都市教育委員会は72％、市区町村教育委員会は49％となっています。

　スクールロイヤーについては、日本弁護士連合会が「『スクールロイヤー』の整備を求める意見書」（平成30年1月）を公表しています。意見書は、スクールロイヤーの想定される活動として、概略、次の諸点を挙げています。

　第1は、子どもにかかわる問題です。例えば、児童生徒の問題行動、いじめ、児童虐待、不登校などが発生した場合、その対応について教育委員会や学校に対して法的側面から指導助言します。

　第2は、保護者とのトラブルです。保護者のクレームは、初期対応を誤ってこじれるケースが少なくありません。初期段階でスクールロイヤーの助言を得て適切に対応すれば、過激な要求や攻撃を避けることができます。

　第3は、教員の不祥事です。教員が体罰、セクシュアル・ハラスメント、不適切な指導等を行った場合、教員に対する指導や被害児へのサポート等について指導助言を行います。

　第4は、学校事故です。学校事故の予防や法的責任並びに事案発生後の調査やマスコミへの対応等について指導助言します。

　学校で起きる諸問題について、法律の専門家に法務相談を持ちかけ、指導助言を受けることができたらと思っている校長や教員は少なくないと思います。スクールロイヤーの配置は、学校のトラブル解決の有効な支援策となります。ただし、スクールロイヤーが法的に正しく、公平な判断をしても、保護者にとっては、学校サイドの一員としか思えず、不信感を抱くおそれがあります。そうしたギャップをどう調整するかがスクールロイヤー制の課題といえましょう。

事項別索引

[著者紹介]

菱村 幸彦 (ひしむら・ゆきひこ)

京都大学法学部卒業。昭和34年文部省入省。教科書検定課長、高等学校教育課長、総務審議官、初等中等教育局長、国立教育研究所長、駒場東邦中学校・高等学校長などを歴任。現在、国立教育政策研究所名誉所員。

著書に『校長が身につけたい経営に生かすリーガルマインド―身近な事例で学ぶ教育法規』(教育開発研究所)、『管理職のためのスクール・コンプライアンス』(ぎょうせい)、『戦後教育はなぜ紛糾したのか』(教育開発研究所)、『はじめて学ぶ教育法規』(教育開発研究所)、『やさしい教育法規の読み方』(教育開発研究所) など多数。

最新 Q&Aスクール・コンプライアンス120選
ハラスメント、事件・事故、体罰から感染症対策まで

令和2年10月30日　第1刷発行
令和5年1月30日　第4刷発行

著　者　菱村　幸彦

発　行　株式会社ぎょうせい

〒136-8575　東京都江東区新木場1-18-11
URL：https://gyosei.jp

フリーコール　0120-953-431

ぎょうせい　お問い合わせ　検索　https://gyosei.jp/inquiry/

〈検印省略〉

印刷　ぎょうせいデジタル株式会社　　　©2020　Printed in Japan
※乱丁・落丁本はお取り替えいたします。

ISBN978-4-324-10892-5
(5108647-00-000)
〔略号：スクールコンプラ120〕